地味で、茶色くて、
ありふれてるけど、
一番ほっとする
MAYA家の食卓

ただ、美味しいだけの晩ごはん

MAYA 著

ワニブックス

はじめに

「家族みんなで楽しめる料理本が作りたい」
そんな気持ちを込めてできあがったこの本は
誰もが知ってる料理が主役です。
可愛いイラストがたくさんあって
小さな子は絵本のように楽しくて
1ページ1ページめくると笑顔になる。
少し大きくなった子には料理の入門本として。
お料理しないお父さんやお兄ちゃんでもチャレンジできる。
もちろん料理好きの人には実用的に使えるように
少しのアレンジやこだわりのかくし味を盛り込んだら、
MAYA家の晩ごはん本ができました。
誰かの家庭料理の少しの参考になれば
家族一同感謝感激雨あられです。

あ! にんじんは
少なめにして!
オレはベーコン
大盛り〜!

我が家の家族を紹介します

着席――!!
ごはんできたからゲームはやめ――ぃッ!
なんて掛け声から始まる賑やかな食卓が、
我が家の毎度おなじみの光景です。
お気に入りの箸、各自の茶碗に取り皿と
おかずは大皿で出すことが多い我が家の食卓は
私の号令で夕食が始まります。
我先にと箸をつけるパートナーさんに負けじと
口いっぱいに頬張る末っ子はまるでリス。
冷静におかずを確保するお姉ちゃんと、
その皿から盗むお兄ちゃんの手先はまぁ鮮やか。
私はそんなみんなをお酒片手に見て、にやけ顔が止まらない。
賑やかで、昭和のコントのようなそんな食卓が私の大切な宝物です。

Family introduction

お父さん

通称➜パートナーさん

単身赴任先はビジネスホテルと割り切ってミニマリストに徹している。家族のために毎週末帰ってきてくれる優しい人。痩せの大食いなちょっとイケメン。

MAYA

通称➜heavydrinker

お料理が好き、家族は大好き、手抜きもとっても好きなお母さん。単身赴任のお父さんに代わって父親らしく豪快に飲みます。

末っ子

通称➜6歳児

ママの敵は僕の敵、なんて言ってた頃が懐かしい。天真爛漫なわがままボーイ。クレヨンしんちゃんは自分とそっくりだと認識し始めてしまった面倒な子。

お姉ちゃん

通称➜丸の内OL

小学生なのになんか大人びてる私の相棒。得意料理は卵焼きと大根の味噌汁。週末に朝ごはんを作ることが最近の趣味。欠かさないのはやっぱり卵焼き。

お兄ちゃん

通称➜思春期野郎

中学校頃から思春期を迎えてはや4年、自分では終わったと思ってる思春期がまだまだ全開で継続中だと感じているのはきっと私だけではない。ニキビが気になるお年頃。

我が家の晩ごはんルール

其の一

いただきますにごちそうさま

作ってくれた人ありがとう、いただきます。
今日も美味しかった、ごちそうさま。
気持ちを込めて言わせるのは子供たちが大きくなった時のことを考えて。
自分のために料理してくれる人って大切です。

其の二

無理しなくていいよ

どうしても苦手なものって大人にもあります。
特に成長過程の子供たちは苦味やえぐ味を大人以上に感じることも。
もう少し大きくなったら食べられるはず。食材をごまかして料理に盛り込むより、
そのものを美味しく食べられるようになったら堪能すればよし。
P62のコラムで熱く語らせていただきました。

其の三

食べたものは自分で片づける

言わずと知れた永遠のテーマです。
これはローカルルールなんかではなく、どこの家庭でもあるルールですよね。
我が家も右に同じく。食べたら片づけましょう。
片づけしやすいようにトレーにのせて提供することも。

我が家の調味料

お気に入りの調味料を揃えておくと
いつもの味が
簡単に再現できるのが良いところ。
メーカーによって味の違いがありますので、
自分の好みで集めてください。
我が家がヘビロテで使う
調味料の一部がこちらです。

a…太白胡麻油（竹本油脂）さらっとしてクセがなく美味しいこの油は牡蠣の和風オイル漬けに欠かせません。

b…牡蠣だし醤油（ヒガシマル醤油）牡蠣しょうゆの炒め物は忙しい時の救世主。卵かけごはんにも相性抜群。

c…昆布ぽん酢（ヤマサ醤油）丸の内の大好きな昆布ぽん酢はこのままで使うもよし、アレンジしてもよし。

d…李錦記 魚醤 ナンプラー（エスビー食品）タイ料理に欠かせない魚醤はしょうゆ代わりに使うことも。

e…秋田しょっつるハタハタ100%（諸井醸造）しょっつるで作るトマトパスタはここ一番の時のお気に入り。

f…丸の内タニタ食堂の減塩みそ（マルコメ）我が家の味噌は丸の内、娘の通称はここからではない。

g…創味シャンタンDX（創味食品）スープやチャーハンに欠かせないシャンタンは一発で味が決まる優れもの。

h…こんぶ茶缶入（玉露園）昆布茶は漬け物や卵焼きはもちろん、お茶漬けのもとにするのもまた旨し。

i…丸鶏がらスープ（味の素）シャンタンと味比べするとまた楽しい。ふんわり優しい卵スープはこれを使います。

j…チリパウダー（エスビー食品）メキシカンな料理には欠かせない。これひとふりで本場の香り。

k…ハバネロペッパー（エスビー食品）辛味をつけるのに欠かせない。クセなくどんな料理にも。入れ過ぎ要注意。

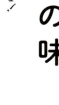

目次

はじめに…2
我が家の家族を紹介します…4
我が家の晩ごはんルール…6
我が家の調味料…7

chapter 1

定番あれば憂いなし！ 伝え続けたい 母の味

リクエストNo.1！ 我が家の大定番

特製塩唐揚げ…14
カリッとジューシーに揚げるコツ…16
がめ煮込み…18
具材の切り方はこちら…19
ホクホク豚バラ肉じゃが…20
肉じゃがの美味しい煮込み方…21

母の心得

ジューシー粗挽きハンバーグ…24
肉汁た〜っぷりに仕上げるには…25
ハンバーグのタネさえあれば…26
THE餃子…28
餃子バリエーション9コ…30
和風ロールキャベツ…32
肉ダネの包み方…33
ごちそう大漁エビフライ…34
巻きすなし巻き寿司…36
冷蔵庫一掃セール！…37

懐かしのあの味を我が家でも 打倒！給食

昔懐かしの給食カレー…38
こく旨味噌ミートソース…40
ミートソースさえあれば…41
白菜クラムチャウダー…42

見た目も豪華！
ワイルド料理
厚切り肉はワイルドに食らう！…44
やわらかく肉汁ジュワッと焼くコツ…45
チーズトマトポーク（CTP）…46
ねぎだくのり豚丼／王様ペッパーポーク…47
鶏もも肉だって主役級！
丸々1枚使って大胆チキン料理…48
カリカリチキンソテー／オリジナルスパイシーチキン…49
茹で鶏の薬味まみれ…50
しっとりやわらかに茹でるコツ…51
コロコロステーキとコーン炒飯…52

忘れちゃいけない
定番魚料理
さばの煮つけ…54
今日の気分はどれ？ さばの煮つけ3種…55
魚の唐揚げ…56
唐揚げにおススメお刺身コーナー…57

chapter
2
忙しい時の一発入魂！ ラクチン 麺&ごはん

みんな大好き！
中華麺
濃厚味噌担担麺…66
鶏だし塩ラーメン…67
ほったらかし煮豚…68
煮豚で作れる大満足のもう一品…69
おうちで混ぜそば…70
ほかにもある！ 我が家のテッパントッピング…71
お好きにサラダラーメン…72
なんでものせちゃって！ サラダラーメントッピング…74

とりあえず
パスタ
本格ボンゴレロッソ…76
しょっつるラグーパスタ…78
爽やか春菊ジェノベ…79
トマトミートボールパスタ…80
ガーリックトマトソース…82
おススメ冷凍保存法…83

ほっと美味しい
うどんとそば
鶏、ありがとう温麺…84
コク味つけ汁そば…85
具だくさんで冷やしそば…86
あさりバターうどん…87

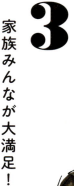

お疲れの胃にも優しい
ごはんもの
玉ねぎと鶏ひき肉のあったか飯…88
鶏粥…90
あとのせ具材はこちら…91
焼き鮭トロシャクごはん…92
白菜と鶏のうまか丼…93

chapter 3
家族みんなが大満足! おうち居酒屋のすすめ

まずはこれ!
スピードメニュー7種
辛口もやし/甘エビとイカの卵黄のせ/焼き厚揚げ納豆のせ…98
ジェノベーゼポテサラ/明太クリポテ/千切りらっきょ/鶏キムチ…99

当店自慢の一品

だし巻かず卵…100
牡蠣の和風オイル漬け…102
そのままねぎのっけ／牡蠣のペペロンチーノ／
牡蠣と春菊の炒め物…103

揚げ

自家製エビ団子揚げ…104
昔懐かしいハムカツ／
長ーいエビアスパラ春巻き…105

煮込み

牛すじ煮込み…106

肉・魚

ホロホロスペアリブ…108
手羽先のピリ辛煮込み…110
じっくりサンマのピリ辛漬け…111

締めの一品

魚茶漬け…112
おススメ魚茶漬け図鑑…113
トロたく裏巻…114
焼きさば押し寿司…116
型の作り方…117

おわりに…124

column

具だくさんが基本！
我が家のお助けサラダ…58
正しい子育てってあるのでしょうか
欲しいのは、笑顔です…62
おまけの簡単たれ…94
SHIRU…118
丸の内の味噌汁の作り方…119
味噌汁バリエ…120
豚の粕汁…122

［本書の料理を作る前に］

材料の表記は大さじ1＝15mℓ（15cc）、小さじ1＝5mℓ（5cc）、米1合＝180mℓ（180cc）です。

電子レンジの加熱時間は600Wのものを使用した場合の目安です。

レシピには目安となる分量や調理時間を表記しておりますが、様子を見ながら加減してください。

「野菜を洗う」「皮をむく」「へたを取る」などの基本的な下ごしらえは省略しているものもあります。

飾りに使用した材料は明記していないものもあります。お好みで追加してください。

chapter 1

定番あれば憂いなし！伝え続けたい母の味

私が思い出す母の味は普通の味です。
いつも変わらずあるお母さんの味。
カレーライスにエビフライ、
特製タルタルにいつもの煮物、
パスタと言ったらいつものあれ。
特別凝ったものは
日常の食卓に並んでなくて、
家庭で食べる普通の料理ばかりが
食卓に並んでいました。
母になって娘に伝えたい料理は
やっぱり我が家のいつもの味。
ここはそんないつもの味を集めた
第1章になります。

リクエストNo.1！我が家の大定番

晩ごはんはもちろんお弁当に昼ごはん。
強者は朝ごはんでも問題なし！
ジューシーでこく旨の我が家お決まりの大定番がこちらです。

熱々を口いっぱいに
頬張ってほしい！

特製塩唐揚げ

砂糖とマヨネーズがやわらかさと
こく旨のコツです。
塩唐揚げってなかなか分量が難しく、
ごまかせないもの。
何度も試してたどりついた、
汗と涙の結晶がこちらです。

材料（6〜8個分）

・鶏肉（もも肉）…300g
・砂糖…小さじ1
・マヨネーズ…小さじ2

A
卵白…Sサイズ1個分
にんにく（すりおろし）…小さじ1
塩…小さじ$\frac{2}{3}$
こしょう…少々

・片栗粉…大さじ3

作り方

1 鶏肉は筋切りして食べやすい大きさに切り、最初に砂糖、次にマヨネーズ、**A**をもみ込んで15分程おく。

2 片栗粉を少しずつ加え、軽く粉が残る程度に混ぜる。

3 フライパンに油（分量外）を入れて170度に熱したら、**2**の鶏肉を入れて揚げる（P16参照）。

調味料プラスで美味しさアップ

仕上げに山椒をふりかけて大人味にするのも、レモンをぎゅーっとしぼるのもまた最高。マヨラーなら追いマヨでいただくのも通の味なり。

カリッとジューシーに揚げるコツ

外はカリッと、中からは肉汁がジュワーッと溢れ出す
美味しい唐揚げに仕上げるためには、
火加減を変えて二度揚げ風にするのがポイント。
手間なくできる、揚げ方のコツをお教えします！

調味料を加える

砂糖とマヨネーズのW効果で肉がやわらかくジューシーに。調味料をもみ込んだ鶏肉に、少しずつ片栗粉を加えます。軽く粉が残るくらいにざっくりと混ぜるのがポイント。

1

まずはじっくり揚げる

油を170度に熱したら鶏肉を入れます。鶏肉はフライパンいっぱいに入れても大丈夫です。まずは触らず、温度をキープしながらじっくりと揚げていきます。

菜箸を入れた時に細かい泡が出てきたら鶏肉を入れてOK!

2

MAYA家の子供が喜ぶ料理、不動の人気№1は塩唐揚げ。実は前作のお弁当本にも載っているのですが、家だとできたての熱々&肉汁たっぷりを味わえるのが醍醐味！塩唐揚げなしに我が家の食卓は語れません。

買い物に行って鶏もも肉をかごに入れると、もう子供たちはにこにこし始めます。私の塩唐揚げのレシピはお肉

3

返しながら揚げる

鶏肉を入れた時より、気泡が小さくなってきたら返し時のサインです。鶏肉を返して、時々混ぜながら空気を加えるように揚げます。

4

鶏肉を油から出す

仕上げは強火で、フライパンを傾けて鶏肉を油から出し、また戻します。これを2〜3回繰り返しましょう。これが二度揚げの代わりになります。表面がカリッとしたら完成。

300g単位で作っています。だから子供たちは鶏もも肉のgを見ながら選んでいる私を見ると、「あ、唐揚げだな」「うん、唐揚げだね」なんて、勝手に喜び出すんです（笑）。

二度揚げしないで簡単なのにカリッとジューシーな唐揚げはつまみ食いが止まらなくなるので、少し多めに作ることをおススメします。

祖母から母へ、母から娘へ伝わる

がめ煮込み

具だくさんの野菜にかしわ肉、お正月にも欠かせない田舎の煮物はほっこり懐かしい九州生まれの母の味。

材料（作りやすい分量）

・鶏肉（もも肉）…200g
・ごぼう…小1/2本
・こんにゃく…1/2枚
・しいたけ…3枚
・里いも…小3個
・にんじん…小1/2本
・れんこん…小1/2節
・たけのこ（水煮）…小1パック
・大根…1/5本
・水…400ml
・しょうゆ…大さじ4
・みりん…大さじ4
・酒…大さじ4
・砂糖…大さじ1

作り方

1 具材をすべて食べやすい大きさに切り、下ごしらえしておく（P19参照）。

2 鍋に具材、調味料をすべて入れて落としぶたをし、中強火にかける。

3 具材が焦げないように時々かき混ぜながら、野菜がやわらかくなるまで一気に煮込む。

4 一度冷まして味をなじませ、食べる時に再度温める。

具材の切り方はこちら

大根
皮をむき、乱切りにする。

れんこん＆たけのこ
厚めのいちょう切りにし、水にさらしておく。

にんじん
皮をむき、乱切りにする。

里いも
皮をむき、半分に切って下茹でしておく。

しいたけ
石づきを取り、ひと口大に切る。

こんにゃく
ひと口大にちぎって下茹でしておく。

ごぼう
たわしでこすって皮を薄くむく。乱切りにし、水にさらしておく。

鶏肉
ひと口大に切る。

我が息子の大好物と言えば

ホクホク豚バラ肉じゃが

おふくろの味ランキングNo.1はやっぱりこれ。胃袋つかむランキングは惜しくも2位と大健闘。（MAYA調べ）

材料（作りやすい分量）

- 豚肉（バラ肉）…200g
- じゃがいも…5個
- にんじん…大1/2本
- 玉ねぎ…1/2個
- 糸こんにゃく…小1袋（100g）
- 水…300ml
- しょうゆ…大さじ3
- みりん…大さじ3
- 酒…大さじ3
- 砂糖…大さじ3

作り方

1. 豚肉と野菜はすべて食べやすい大きさに切る。糸こんにゃくは下茹でし、食べやすい長さに切る。
2. 鍋にごま油（分量外）を熱し、豚肉を炒める。豚肉の色が変わったら野菜と糸こんにゃくを加える。
3. 全体に油がまわったら一度火を止め、水と調味料をすべて加え、落としぶたをして中強火にかける。
4. アクが出たら取り除き、じゃがいもに火が通るまで、中強火のまま一気に煮込む（P21参照）。

肉じゃがの美味しい煮込み方

肉じゃがの煮込み方のポイントは、じっくりコトコトではなく、「中強火で一気に」。落としぶたをすることで、全体が均一に仕上がります。

1

最初は中強火で煮込む

鍋に調味料を入れたら、中強火で一気に煮込みます。焦げないよう、時々鍋をゆするようにして、全体を混ぜてください。

2

ふたをしてさらに煮込む

落としぶたとふたをして、じゃがいもに竹串がスッと通るくらいになるまで、さらに煮込みます。火力は中強火のままで！

3

冷ます

火を止めて、冷めるまで放置。この間に具材にしっかり味が染み込みます。食べる時に再度温めてください。

母の心得

忙しい夕飯時、
手伝いをしたいと言われることほど大変なことはない。
そんな時は諦めて、
子供に役割分担をするのが我が家風。

其の一　やり過ぎなくらい褒める

お手伝いで一番大切なのは褒めること。
褒めて褒めて褒めちぎれば、
子供は「やればできる」という大きな自信を手に入れます。
そして母はなんでも許せる強い心を手に入れます。

其の二　口は出しても手は出さない

手を出したい気持ちはわかります。
その気持ち、ぐっと我慢してお手本を見せるだけで手をひきます。
子供は達成感を得ることができて、母は忍耐力を手に入れます。

其の三
完成の形は気にしない

一生懸命作った子供飯、味も見た目も悪いかもしれません。決して手直しなんてしないでください。きっと嬉しくて誇らしくて世界一美味しい料理を食べているように感じるはず。卵の殻もスパイスです。

お手伝い

初級編

口の中で肉汁が溢れ出す

ジューシー粗挽きハンバーグ

切ったら断面から肉汁ジュワーなんてもったいないと思います。肉の中にしっかり閉じ込めれば肉汁は口の中で溢れて、噛みしめるたびに感じられます。

材料（5個分）

A
- パン粉…大さじ6
- 卵…Lサイズ1個
- マヨネーズ…大さじ1

・牛肉（こま切れ肉）…300g
・豚肉（ひき肉）…300g
・塩…小さじ1弱
・玉ねぎ（極みじん切り）…$\frac{1}{4}$個

B
- ケチャップ…大さじ6
- ウスターソース…大さじ4

作り方

1 **A**はボウルに入れ、混ぜておく。

2 牛肉は包丁でよく叩き、細かくする。

3 別のボウルに**2**の牛肉と豚肉、塩を入れ、手のひらの付け根あたりを使って50回くらいよく練り混ぜる。

4 **3**のボウルに玉ねぎと**1**を加え、手全体を使い、50回くらいよく練り混ぜる。

5 5等分して丸く形を整え、冷蔵庫で30分以上冷やす。

6 フライパンに油少々（分量外）をひき、**5**を入れ、焦げ目がつくまで3分程焼く。裏返して弱火にし、ふたをして、ほどよく弾力が出るまで10分程焼く。

7 ハンバーグを皿に盛り、フライパンをさっとふき、**B**を入れてひと煮立ちさせて、ハンバーグにかける。

肉汁た～っぷりに仕上げるには

ふっくらと、そしてジューシーなハンバーグのコツは
練り方と、焼き方にあります。
ほんの少しの工夫で美味しくできるので
ぜひ試してみてください。

1

肉は包丁で叩く

ひき肉にはない食感を出すために、合びき肉は使わず、牛肉はこま切れ肉を叩いて合わせます。

2

ボウルを分けて混ぜる

パン粉、卵、マヨネーズと肉は、別々のボウルでそれぞれよく混ぜるのがポイント。

3

しっかりと練る

大きなボウルに合わせ、よく練ります。練りが足りないと、焼き縮みしやすく、ひび割れして肉汁が出てしまいます。

4

表面をなめらかに成形する

両手に水をつけ、表面にひび割れがなくなめらかになるように、丁寧に形を整えます。

弾力が出るまでじっくり焼く

まず中火で3分、裏返してふたをし、弱火でじっくり10分。表面を押して、しっかり弾力があればOK! 時間は様子を見て調節を。

完成!

ハンバーグのタネさえあれば

シンプルにハンバーグを
堪能するのは幸せの極み。
でも忙しい主婦にこそ
おススメなのは、
肉ダネ使い回しの
簡単アレンジ。
たくさん作ってラクしましょ。

ピーマンの肉詰め

縦半分に切ったピーマンの内側に小麦粉をふってはたき、ハンバーグのタネを詰めます。肉側から弱火で約8分焼き、裏返して焼き上げます。ふたをしないほうがはがれにくいです。お好みのたれをかけて、どうぞ。

ハンバーグカレー

カレーにハンバーグをトッピングするだけ。主役級のふたつのメニューを合わせた、大人も子供もテンションが上がってしまうひと皿です。

メンチカツ

薄めに成形したハンバーグのタネに、小麦粉、溶き卵、パン粉の順に衣をつけ、170度に熱した油できつね色になるまで揚げます。

和風ロコモコ

お皿に盛ったごはんの上に、ハンバーグ、ざく切りのレタス、細切りチーズ、トマト、温玉をのせ、万能焼肉たれ（P94参照）をかけます。

トマトミートボールパスタ

第2章で紹介しているトマトミートボールパスタのミートボールにアレンジも可能！ 詳細はP80を参照してください。

お手伝い

中級編1

お手伝いの
王道と言えばこれ

THE餃子

豚肉とキャベツだけで作るからシンプルで
何個でも食べられる我が家の餃子は、
野菜と混ぜる前に
しっかり肉に味つけするのが
ポイントです。
P30、31のアレンジ餃子と
ご一緒にどーぞ。

材料（25個分）

- 豚肉（ひき肉）…200g
- A
  - しょうが（すりおろし）…小さじ1/2
  - しょうゆ…小さじ1
  - 酒…小さじ1
  - 砂糖…ひとつまみ
  - 塩…ひとつまみ
  - ごま油…小さじ1
  - 鶏ガラスープの素…ひとつまみ
- キャベツ…1/4個（400g）
- 餃子の皮…25枚
- 湯…100㎖
- ごま油…小さじ1

子供でも簡単！餃子の包み方

1

餃子の皮を手のひらの上においたら、真ん中に丸くタネをのせます。皮のふちに指で水をつけます。

2

半分に折ったら、指に力を入れ、端までぴったりと閉じていきます。ひだを作らない包み方なので、子供のお手伝いにもぴったり。

作り方

1 豚肉にAを加えてよく練り、冷蔵庫で30分寝かせる。

2 キャベツをみじん切りにし、塩少々（分量外）をふって10分程おき、水分をよく絞る。

3 1と2をざっくりと混ぜ、皮に包む。

4 フライパンに油（分量外）をひき、火をつける前に餃子を並べる。中火にかけ、焦げ目がつくまで焼き、湯を加えてふたをする。

5 水気がなくなったら弱火にし、ごま油を回しかけ、底面がパリッとするまでフライパンをゆすりながら焼く。

ショウ9コ

大葉と梅

皮に大葉を1枚のせ、その上にタネと叩いた梅干しをのせて包みます。さっぱりとした餃子が食べたい時に。

コーン

タネと一緒にコーンを包みます。ほんのりとしたコーンの甘さが優しい味です。

いつもの

豚ひき肉にキャベツが定番。いろいろな食材でアレンジすれば、食べる時の楽しさがアップします。

4 3 2 1

ニラ

ニラを刻んで水気を絞り、タネに混ぜます。キャベツの代わりではなく、両方入れるのがポイント。

我が家のたれ！

しょうゆにお酢にラー油が王道ですが、酸味のまろやかな果実のポン酢で食べる餃子もまた美味です。大人はたっぷりラー油をきかせてビールとどうぞ。

餃子バリエー

砂肝

鶏の砂肝を細かく刻み、タネに混ぜて皮で包みます。砂肝の食感が楽しい餃子です。

エビ

エビは殻をむき、片栗粉と塩でもんで臭みを取ります（P35の下ごしらえ参照）。タネと一緒に包んで焼けば、プリプリ食感のエビ餃子に。

キムチー

スティックチーズは1cm角に、キムチは細かく刻んでタネと一緒に包みます。お酒のおつまみにぴったり。

春菊

キャベツやニラの代わりに、刻んだ春菊をタネに混ぜて包みます。ふんわり香る春菊が良いアクセントです。

野沢菜漬け

野沢菜漬けを細かく刻み、タネに混ぜて包みます。高菜漬けで作っても美味しいです。

お手伝い
中級編2

じ〜っくりコトコト煮込んだ
和風ロールキャベツ

和風出汁をきかせて作るロールキャベツは我が家の定番です。美味しい煮汁を魚河岸あげに吸わせてピリッとからしていただくと身体の芯からホッとします。

材料（6個分）
- キャベツ…6枚
- 玉ねぎ…小1/2個
- パン粉…大さじ3
- 豚肉（ひき肉）…200g
- 塩…小さじ1/2
- さつま揚げ（魚河岸あげがおススメ）…2個
- 水…500㎖
- 出汁パック…1袋

A
- しょうゆ…大さじ1
- みりん…大さじ1
- 酒…大さじ1
- 昆布茶…小さじ1

作り方

1 キャベツを1枚ずつはがし、湯通ししてやわらかくする。玉ねぎはみじん切りにする。パン粉は同量の水（分量外）に浸しておく。

2 豚肉に塩を加え、よく練り混ぜる。玉ねぎ、パン粉を加え、さらによく練り混ぜ、6等分しておく。

3 キャベツの芯を削ぎ、2を包む。切り取った芯も一緒に包む。

肉ダネの包み方

1

湯通ししてやわらかくしたキャベツの葉を広げ、肉ダネを中心より手前におきます。

2

手前から奥へ、肉ダネを巻いていきます。

3

途中で、左右の葉を内側に折りたたみます。

4

最後まで巻いたら完成です。鍋にぎゅうぎゅうに詰めることで、崩れにくくなります。

4 6個のロールキャベツとさつま揚げがぴったり入る鍋を選び、ぎゅうぎゅうに隙間なく詰める。

5 別の鍋に水と出汁パックを入れて沸騰させ、中火で5分煮て出汁パックを取り出す。

6 5を4の鍋に注ぎ、Aを加えて弱火にかけ、1時間程煮込む。

お手伝い
上級編

お手伝いに慣れてきたらチャレンジを

ごちそう大漁エビフライ

レストランで食べるピーンとまっすぐエビフライをおうちでも。
エビの殻むきが上手にできるようになったらもう一人前！
お母さんの立派な相棒です。

材料（12本分）

- エビ（殻付き）…12尾
- 塩（臭み取り用）…少々
- 片栗粉（臭み取り用）…大さじ1〜2
- 小麦粉…適量
- 溶き卵…1個分
- パン粉…適量
- タルタルソース（P95参照）…適量

作り方

1 エビは殻をむき、背ワタを取る。塩、片栗粉をもみ込んで5分程おく。

2 1を流水で洗って汚れを落とし、ペーパーで水分をふき取る。腹側に切り込みを入れ、まっすぐにのばす。

3 小麦粉、溶き卵、パン粉の順に衣をつけ、170度の油（分量外）でこんがりするまで揚げる。

4 皿に盛り、タルタルソースを添える。

エビの下ごしらえ

1 腹側から指を入れ、エビの殻をむきます。尻尾から1節はむかずに残しましょう。

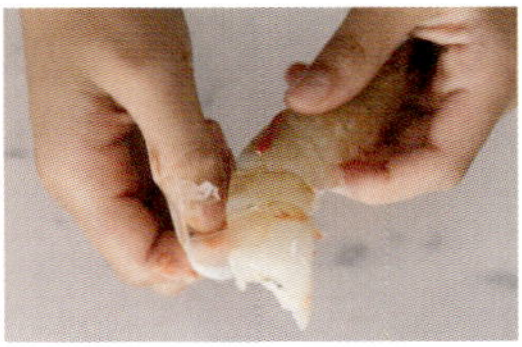

2 背ワタは生臭みの原因になるので除きます。背側につまようじを刺し、抜き取ります。

3 ボウルにエビと塩、片栗粉を入れてもみ込み、5分程おきます。その後、流水で洗い流せば臭みと汚れが取れます。

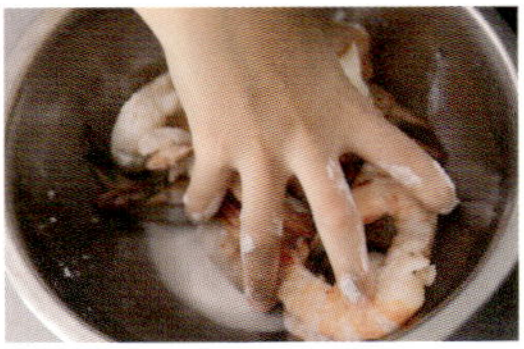

4 エビの腹側に数か所切り込みを入れ、筋をのばすように反対側に折り曲げます。

お手伝い
番外編

子供と作るなら巻きすは不要！

巻きすなし巻き寿司

ひと口サイズの食べやすい簡単巻き寿司は
朝ごはんにも晩ごはんにもおやつにも。
具材は冷蔵庫の中身なんでもあり！
楽しく美味しい
子供も喜ぶ新提案です。

材料（4本分）

・焼きのり…1枚
・ごはん…100g
・好きな具材（P37参照）…適量

作り方

1 のりは1/4に切り、奥1cm残してごはんをのばす。

2 好きな具材をのせ、巻いていく。

冷蔵庫一掃セール！

野菜も漬け物もハムも卵も、なんでもあり！
いろいろな組み合わせを試してみるのも、巻き寿司の醍醐味です。

巻き方レッスン

1

のりを広げ、奥1cmを残してごはんをのばします。できるだけ薄くのばすのがコツ。

2

手前1cmを残して具材をおきます。バラバラになりやすい具材を下にすると巻きやすくなります。

3

手で形を整え、巻き終わりはのりが下になるようにします。

打倒！給食

懐かしのあの味を我が家でも

「今日の給食美味しかった〜」なんて、お母さん泣かせのあのセリフ。泣いてなんかいられません。給食を制覇すれば子供の笑顔もこっちのもの!!

おススメのカレー粉はこちら

旨味たっぷりでなんだか懐かしい味わいのオリエンタル「マースカレー 230g」。

ひと口サイズの野菜が食べやすい

昔懐かしの給食カレー

甘口で、食べやすくてほっこりする。お母さんのカレーは特別なことはしない普通のカレー。本格的なカレーは専門店で、おうちカレーは飽きのこないいつもの味。

材料（10皿分）

- 豚肉（切り落とし肉）…300g
- 玉ねぎ…2個
- にんじん…1/2本
- じゃがいも…2個
- 水…カレールーの表記より少し多め
- 出汁パック…2袋
- カレールー…1箱
- 砂糖…ひとつまみ
- オイスターソース…大さじ1

作り方

1 豚肉と野菜をすべて2cm角程の大きさになるように切る。

2 鍋に油（分量外）を熱し、豚肉、玉ねぎ、にんじんを軽く炒め、水と出汁パックを加える。

3 中火で煮込み、にんじんがやわらかくなったら出汁パックを取り出し、じゃがいもを加えてさらに煮る。

4 カレールーを加え、砂糖、オイスターソースを加えて味を調える。

出汁パックで給食味に

煮込む時に、出汁パックを入れて和風味にするのが我が家のカレー。酸味のない旨味たっぷりのオイスターソースは和風カレーとの相性抜群です。わざわざ鍋をわけなくても、甘口カレーに大人はハバネロペッパーでスパイシーに。（激辛注意！）

ぎゅーっと詰まったコクは味噌がミソ！

こく旨味噌ミートソース

昔懐かしい給食風ミートソースは小学校での人気No.1！（MAYA調べ）じっくり煮込んで酸味を減らして濃厚に。少し太めの麺に刻んだパセリを絡めて召し上がれ。

材料（作りやすい分量）

- 玉ねぎ…1/2個（150g）
- セロリ…2本（150g）
- にんじん…小1本（100g）
- オリーブオイル…大さじ5
- 合びき肉…400g
- 酒…大さじ3
- トマト缶（ホール）…2缶
- 砂糖…小さじ2

A
白味噌…大さじ1
粉チーズ…大さじ1
オイスターソース…小さじ1と1/2
塩…小さじ1と1/2

- パスタ…人数分
- パセリ（みじん切り）…適量

作り方

1 野菜はすべて極みじん切りにする。

2 鍋にオリーブオイルを熱し、**1**を15分程じっくりと半分くらいの量になるまで炒める。

3 ひき肉、酒を加え、あまり混ぜないでじっくり火を通す。

4 トマト缶、砂糖を加え、トマトをつぶしながら1時間煮込む。**A**を加え、味を調える。

5 パスタを茹で、オリーブオイルをパスタ1人分につき小さじ1（分量外）、パセリを混ぜて皿に盛り付け、**4**のミートソース、粉チーズ（分量外）をかける。

ミートソースさえ
あれば

ミートソースは大鍋でたっぷり作って煮込むのが旨さのコツ。
右ページのものは多めにできる分量になっているので、
冷凍保存（P82参照）もおススメ。
たくさん作って冷凍しておけばいろんなアレンジも自由自在！

チリコンカン

ミートソース、ミックスビーンズ、チリパウダー、それぞれ好みの量をよく混ぜ合わせたら完成！

チリドッグ

好みのパンで、ざく切りにして塩こしょうをして炒めたキャベツ、焼いたソーセージ、チリコンカンを挟みます。

トマトキーマカレー

1人分の場合、ミートソース大さじ5、カレー粉大さじ1を混ぜて、電子レンジで3分加熱して、ごはんにかけます。お好みでハバネロペッパーやガラムマサラを追加しても。

白菜の旨味が口いっぱいに広がります

白菜クラムチャウダー

難しそうに見えますが
手順を覚えればとっても簡単。
季節によって具材を変えてもまた美味しい、
お手軽なのに旨味たっぷりの食べるスープです。

1cm角が食べやすさの秘訣！

白菜はもちろん、にんじんも玉ねぎも野菜はすべて1cm角に切るのがこのレシピの秘訣。ただそれだけのひと手間で、子供たちからの評価がグッと上がるので、お試しあれ。

材料（5〜6皿分）

- 白菜…1/8個
- じゃがいも…大1個
- にんじん…1/4本
- 玉ねぎ…1/4個
- ベーコン…50g
- 小麦粉…大さじ3
- バター…大さじ2
- 牛乳…1000mℓ
- ホタテ水煮缶…2缶

A
固形コンソメ…1個
砂糖…ひとつまみ
塩…小さじ1

作り方

1 野菜とベーコンを1cm角に切り、油（分量外）を熱した鍋で、玉ねぎが透き通るまで炒める。

2 小麦粉、バターを加えて粉っぽさがなくなるまで弱火で炒める。

3 牛乳、ホタテ水煮缶を汁ごと加え、野菜がやわらかくなるまで15分程弱火で煮込み、**A**で味を調える。

ワイルド料理

見た目も豪華！

お肉の旨さをガツン！と
味わえる料理は男子に大人気。
ジューシーに美味しく
焼くための小さなコツと、
少しアレンジした
ワイルドメニューの始まり始まり。

牛ステーキ肉より安くて手に入れやすく、ボリューム満点で変幻自在のとんかつ用の厚切り肉はとんかつ以外のメニューでも大活躍です。ワイルドに調理して豪快にいただきましょう。

厚切り肉は
ワイルドに食らう！

焼く時に縮まらないように筋にワイルドに切り込みを入れて、大胆にじゅ――っと焼き上げます。シンプルな工程なので、誰でも簡単に作れるのも嬉しいところ。

料理が苦手なお父さんも、初めてお肉を焼く少年も、簡単なのに旨い厚切り肉の虜になること間違いなし。

やわらかく肉汁ジュワッと焼くコツ

シンプルに焼き上げるにはこの工程が一番！こしょうをふる場合は香りが大切なので焼き上げてから。

1

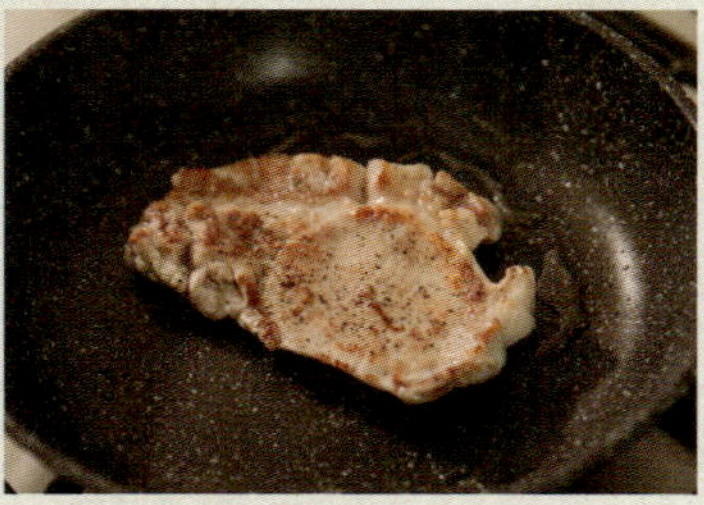

筋切りをした豚肉は常温に戻しておきます。熱したフライパンに油適量を入れ、塩少々をふった豚肉を中火で焼きます。

2

両面にこんがり焼き色がついたら、酒大さじ1をふりかけてふたをし、弱火で酒がなくなるまで加熱します。

3

酒がなくなったら火を止め、アルミホイルで覆って3〜4分蒸らします。

濃厚なトマトとこってりチーズの悪いヤツ！

チーズトマトポーク（CTP）

辛口がお好みならチリパウダーかハバネロをきかせて大人味。
もちろんポークをチキンに代えても美味美味美味！

材料（1〜2人分）

- 豚肉（厚切り肉）…200g（厚さ1cm程）
- 塩…小さじ1/2弱
- トマトソース（P82参照）…大さじ3
- 溶けるチーズ…適量
- こしょう…少々

作り方

1 筋切りをした豚肉は常温に戻しておく。

2 熱したフライパンに油（分量外）とバター（分量外）を半々に入れ、塩をふった豚肉を中火で焼く。

3 片面にこんがりと焦げ目がついたら反対に返し、焦げ目をつける。

4 トマトソースとチーズを加えてふたをし、3分程加熱したら火を止め、こしょうをふる。

2種類のねぎの食感にのりの風味はもう犯罪

ねぎだくのり豚丼

材料（1～2人分）

・豚肉（厚切り肉）…200g（厚さ1cm程）
・塩…少々
・片栗粉…適量
・長ねぎ（斜め切り）…10cm分

A
しょうゆ…大さじ1
酒…大さじ1
砂糖…大さじ1
豆板醤…小さじ1
ラー油…小さじ1

・ごはん…1～2人分
・もみのり…適量
・白髪ねぎ…適量

作り方

1 豚肉は食べやすく切り、塩をふって片栗粉をまぶす。

2 熱したフライパンに油（分量外）を入れ、豚肉を焼く。火が通ってきたら長ねぎを加えてさっと炒め、**A**を入れて煮絡める。

3 ごはんを器に盛り、のり、**2**、白髪ねぎをのせ、好みでラー油（分量外）をかける。

これこそ王道。ワイルドの極み

王様ペッパーポーク

材料（1～2人分）

・豚肉（厚切り肉）…200g（厚さ1cm程）
・塩…小さじ1/2弱
・酒…大さじ1
・玉ねぎ（薄切り）…1/2個
・こしょう…適量

作り方

1 P45の通りに豚肉を焼き、肉の隣で玉ねぎを炒める。

2 豚肉が焼けたら、仕上げにこしょうをたっぷりふり、レモン（分量外）を添える。

鶏もも肉だって主役級！

丸々1枚使って大胆チキン料理

我が家で一番使用頻度が高い鶏もも肉を丸々1枚使ってジューシーに！　ワイルドに！　こちらもナイフとフォークを使って大きな口でかぶりついてほしいところ。

焼くとギュッと身が縮まってしまうのでこちらも筋に切り込みを。皮目からカリッカリに焼き上げた鶏肉なんて塩こしょうだけでもよだれものです。が、こちらは料理本でした。少し手を加えたワイルドチキンをご紹介します。

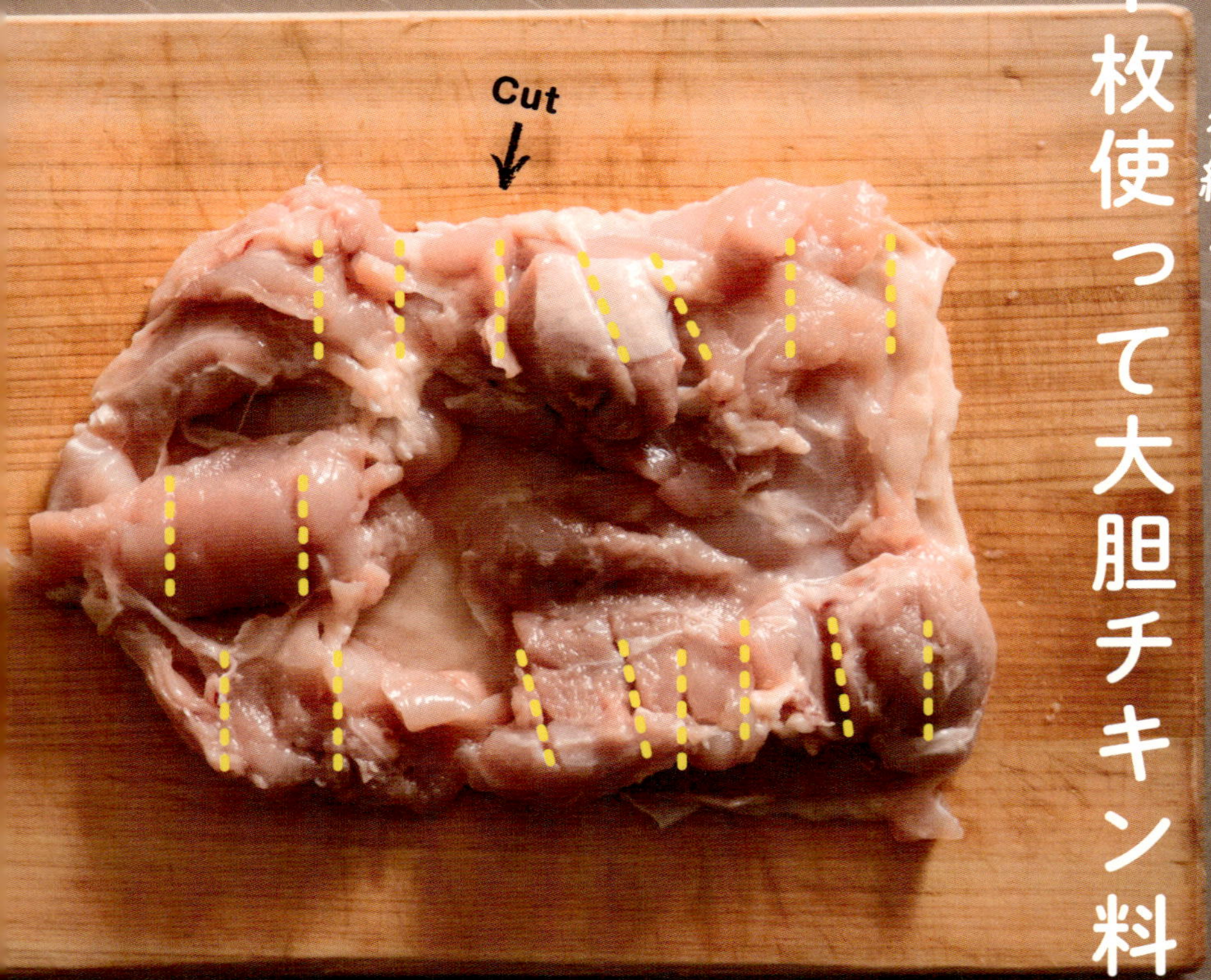

ガーリックしょうゆでパンチをきかせた

カリカリチキンソテー

材料（1〜2人分）

・鶏肉（もも肉）…300g
・塩…小さじ1/2
・こしょう…適量
・にんにくしょうゆ（P94参照）…大さじ1
・砂糖…小さじ1

作り方

1 鶏肉は筋切りをし、身の厚い部分を開いて厚さを均一にして塩をふる。

2 熱したフライパンにバター（分量外）を入れ、鶏肉を皮目から、中弱火で焼いていく。

3 表面が白くなったら反対に返し、弱火で3分程焼く。

4 余分な脂はペーパーで取り除き、仕上げにこしょうをふって皿に盛り付ける。

5 フライパンににんにくしょうゆ、砂糖を入れてひと煮立ちさせ、鶏肉にかける。

数種類のスパイスでジャークチキン風

オリジナルスパイシーチキン

材料（1〜2人分）

・鶏肉（もも肉）…300g

A
しょうゆ…大さじ2
砂糖…小さじ1
マヨネーズ…大さじ1
オールスパイス…小さじ1
レッドペッパー…小さじ1
チリペッパー…小さじ1
山椒…少々

作り方

1 筋切りした鶏肉にAをもみ込み、1日漬け込む。

2 熱したフライパンに油（分量外）を入れ、鶏肉を皮目から、中火で焼いていく。

3 表面が白くなるまで5〜6分焼いたら、反対に返して弱火で3〜4分焼く。余分な脂はペーパーで取り除く。

辛いものが好きなヤツらは見逃すなッ

茹で鶏の薬味まみれ

いわゆるよだれ鶏を我流ソースで薬味にまみれさせました。結構辛めの設定になっております。チェイサーをお忘れなく。

材料（5人分）

A
- しょうゆ…大さじ1
- 砂糖…小さじ1
- ポン酢…大さじ1
- 山椒…小さじ1
- ラー油…小さじ1

・にんにく…1かけ
・長ねぎ…1本
・しょうが…1かけ
・みょうが…2個
・もやし…1袋
・茹で鶏（P51参照）…600g

作り方

1 **A**をすべて混ぜてたれを作る。

2 にんにくはすりおろし、長ねぎ、しょうが、みょうがは千切りにしておく。

3 もやしは電子レンジで1分半加熱し、水気を絞る。

4 茹で鶏を食べやすい大きさにスライスし、もやしを広げた皿にのせ、**2**をのせ、**1**のたれをかける。

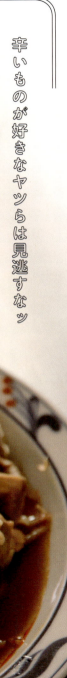

しっとりやわらかに茹でるコツ

基本の茹で鶏を上手に作るコツをご紹介します。しっとり、やわらかく茹でた鶏もも肉は、おつまみや麺類の具などさまざまなレシピに使うことができます。

1 香味野菜を入れて沸騰させる

鍋に水1500mℓと長ねぎの青い部分3〜4本分、しょうが2かけ（スライス）、にんにく2かけ（スライス）を入れて中強火で沸騰させます。

↓

2 鶏もも肉を入れて加熱する

筋切りをした鶏肉（もも肉）600gを鍋に入れます。再沸騰したら、弱火にして10分加熱します。

↓

3 ふたをして余熱で火を通す

火を止めてふたをし、10分おきます。余熱で火を通すことで、しっとりやわらかな仕上がりに。

↓

4 しっとりとした茹で鶏の完成

鶏肉はもちろん、旨味が溶け出した茹で汁も絶品です。

王者降臨

コロコロステーキとコーン炒飯

味、ビジュアル、風格、バランス、
何をとっても王者です。
ワイルドなステーキに
ほんのり甘いコーンなんて
まるで「美女と野獣」のように
見えてきます。（MAYA視力）

材料（1人分）

コロコロステーキ

- 牛肉（ステーキ用）…150g
- 酒…大さじ1
- 塩…少々
- 万能焼肉たれ（P94参照）…大さじ2
- こしょう…少々

コーン炒飯

- コーン缶…50g
- ごはん…150g
- 鶏ガラスープの素…少々
- 塩…少々
- こしょう…少々

作り方

コロコロステーキ

1 牛肉はフォークでたくさん穴を開け、ひと口大に切って酒をふりかけ、冷蔵庫で半日おく。

2 牛肉を常温に戻し、ペーパーで水分をふき取る。熱したフライパンに油（分量外）を入れ、牛肉を炒めて塩をふる。

3 すべての面に焼き色がついたら、万能焼肉たれを加え、仕上げにこしょうをふる。

コーン炒飯

1 熱したフライパンにバター（分量外）を入れ、水気を切ったコーンを炒める。

2 ごはんを加え、鶏ガラスープの素、塩、こしょうで味を調える。

忘れちゃいけない 定番魚料理

魚料理はちょっと面倒とか、
子供があんまり食べてくれないとか、
そんな悩みのある人は注目！
MAYA流の簡単かつ子供も大満足な魚料理を紹介します。

さばの煮つけ

父の大好物・さば料理は我が家で登場率No.1。
我が家の定番はしょうゆで味つけした煮つけです。

材料（2人分）

・真さば…2切れ
・しょうが…1かけ

A
水…100㎖
しょうゆ…大さじ2
みりん…大さじ2
酒…100㎖
砂糖…大さじ2

作り方

1 さばは熱湯をかけてから水（分量外）に入れ、汚れや血合いを取り除き、皮に切り目を入れる。
2 厚めの輪切りにしたしょうがとAを鍋に入れ、沸騰させる。
3 中火にしてさばの皮目を上にして入れ、アルミホイルで落としぶたをする。
4 煮汁を時々かけながら10分煮る。

今日の気分はどれ？ さばの煮つけ3種

もし特売していたらたくさん買って一気に大量に作ります。
1日目はしょうゆ味、2日目には大人は韓国風で
子供は味噌煮なんて。
しょうゆから煮つけて
アレンジするのがまた楽しい。

基本の煮つけ

ぜひ覚えておきたい、しょうゆ味の煮つけです。しょうがをきかせて作るのがポイント。

こってり味噌アレンジ

基本の煮つけ2切れと水大さじ2、味噌大さじ2を鍋に入れて火にかけます。煮立ったら煮汁を回しかけながら、5分程煮ます。

ピリ辛韓国風アレンジ

基本の煮つけ2切れと水大さじ2、コチュジャン大さじ1、豆板醤大さじ1、キムチ適量を鍋に入れて火にかけます。煮立ったら煮汁を回しかけながら、5分程煮ます。

魚の唐揚げ

残り物のお刺身や特売品、見切り品を見つけたらお試しあれ。

1

刺身をたれに漬ける

刺身をしょうゆ（大さじ3）、みりん（大さじ1）、酒（大さじ1）、おろししょうが（大さじ1）に30分程漬けます。

2

片栗粉をまぶす

全体に片栗粉をまぶします。

3

170度の油で揚げる

油を170度に熱し、**2** を入れて揚げていきます。

4

カラッと揚がったら完成

きつね色になるまで揚げたら完成です。好きな魚の刺身で作ってみてください。

完成！

抜群に子供受けが良いのが、この魚の唐揚げ。しょうがをたっぷりきかせて臭みをなくし、しっかり味つけした唐揚げは、そのままでももちろん、マヨネーズとの相性も抜群。お酒のつまみにも最高です!!

唐揚げにおススメ お刺身コーナー

何のお刺身で
作っても美味しいけれど、
特に絶品の代表4選手はこちら！

かつお

マヨネーズとの相性はトップレベル。かつお独特の味が嫌いな子も唐揚げにしちゃえば食べやすいかも。

鯛

たんぱくで食べやすい白身の王様。たっぷり薬味のねぎたれ（P95参照）なんて合わせたら、最高のおつまみに。

かんぱち

脂がのってて美味しいかんぱちは、ぎゅっとレモンを絞っていただきたい。身がやわらかいのでお年寄りにも。

サーモン

お子様人気はやっぱりこちら。特製タルタルソース（P95参照）と合わせたら、フォークが止まりません。

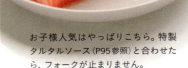

column

具だくさんが基本！我が家のお助けサラダ

実は我が家の子供たちにも嫌いな野菜があります。特に末っ子なんてわがまま全開で「あれは苦いからキラーイ。それは臭いからキラーイ。それは見た目からキラーイ」なんて、まぁ……典型的な。

じゃあ好きな野菜があるのかっていうとこれがまた曲者で。焼きそばに入ってるキャベツは嫌い。でもスープのキャベツは好き。シチューに

入ってるにんじんは嫌い、でもカレーなら好き。お母さんの味噌汁は具がでかいから嫌。でも保育園のは好き。

なんて、わかりにくいのが子供気分。女心と秋の空、みたいな。

そんな難しい子供たちがほぼ高確率で食べてくれるお助けサラダが次のページに。一番人気は「千切りキャベツと卵のサラダ」。甘い卵焼きが旨さの秘密です。

とりあえず、ドンッと大皿で出しておけば、メインが来るまでについ食べてしまう病みつきになるサラダです（笑）。

春雨サラダ

材料（作りやすい分量）

- きゅうり…1本
- にんじん…1/5本
- もやし…1袋
- 春雨（乾燥）…30g
- カニカマ…5本
- 旨ポンだれ（P95参照）…大さじ3
- ラー油…大さじ1
- 白ごま…適量

作り方

1 きゅうりは縦半分に切って斜め薄切り、にんじんは千切りにする。もやしは電子レンジで2分加熱して粗熱を取り、水気を絞っておく。

2 春雨は水で戻して食べやすく切り、割いたカニカマ、1を加えて旨ポンだれで味つけする。大人は仕上げにラー油、白ごまをかける。

千切りキャベツと卵のサラダ

材料（作りやすい分量）

- キャベツ…1/8個
- きゅうり…1本
- ハム…5枚
- 薄焼き卵（砂糖・塩少々で味つけ）…卵1個分
- 旨ポンだれ（P95参照）…大さじ3
- マヨネーズ…大さじ1

作り方

1 キャベツ、きゅうり、ハム、薄焼き卵はすべて千切りにする。

2 旨ポンだれにマヨネーズを加え、すべてを混ぜる。

チョレギサラダ

材料（作りやすい分量）

- サニーレタス…1/4個
- きゅうり…1本
- 長ねぎ…10cm分
- にんじん…1/5本
- 韓国風ドレッシング（P94参照）…適量
- 韓国のり…適量
- すりごま…少々

作り方

1 サニーレタスはひと口大に切り、きゅうり、長ねぎは斜め薄切り、にんじんは千切りにする。

2 韓国風ドレッシングをかけ、仕上げにちぎった韓国のりとすりごまをかける。

大人の切り干し大根サラダ

材料（作りやすい分量）

- 切り干し大根…40g
- もやし…1袋
- 旨ポンだれ（P95参照）…大さじ3
- からし…小さじ1
- かいわれ大根…1パック

作り方

1 切り干し大根は袋の表記通りに戻しておく。

2 もやしは電子レンジで2分加熱して粗熱を取り、水気を絞っておく。

3 旨ポンだれにからしを加え、すべてを混ぜる。

column

正しい子育てってあるのでしょうか欲しいのは、笑顔です

子供の食べ物の好き嫌いって永遠のテーマですよね。

特にまだ舌が成長過程の小さな子供は苦味や辛味、塩気などを大人より敏感に感じていて、この程度なら大丈夫だろ、なんて試してみたらもう大変。「お、お母さんはオレを殺す気か！」なんて、人を極悪非道の犯罪者を見るような目で見てきます。

じゃあどうしているかというと……例えば、「これ、食べなきゃごちそうさまさせないよ」とか「じゃ、これだけ食べられたら許してあげる」なんて言ってみたり。「よ――し、今日はこのハンバーグにしいたけを練り込んでやろう!! きっと細かく刻めば気づかずに食っちゃうだろう。あっはっは！」……なんてね。

そんなごまかしをしたところで「このいけずババアめッ」とか「だましたわね!! 二度とハンバーグなんか食べないから!!」となるのがう

ちの子たち。

だってね、お母さんの料理って、いつも変わらずあるもので。子供たちがほかのどんな料理より一番安心して口に入れることができるものだと思います。せっかく家族のために作ったごはん、疑心暗鬼にさせて疑われるなんて悲し過ぎます。

大きくなって、味覚が落ちついてきたら食べられるものも増えるはず。大人になっても食べられないものは嫌いなものではなく、口に合わない苦手なものなんじゃないかなって思います。

無理に食べさせるよりも、堂々と食卓に出して大人がめっぽう美味しそうに食べる方が効果抜群。苦手な食材で摂れない栄養素は、別の食材で摂取するのもひとつの手。

家族の食卓は、楽しくて賑やかであったかい、笑顔溢れるものでありたいです。

chapter

2

忙しい時の一発入魂！ラクチン麺&ごはん

お味噌汁に副菜2品、
メインにデザートの栄養満点憧れごはん。
これが毎日できるかっていうと…とんでもない。
もうね、根がズボラなんです。
毎日続くごはん作り、
時に手抜きしたっていいじゃないですか！
ビバ手抜き！　美味しければ問題ない！
愛さえあればオールOK!!
ここはそんな忙しく頑張る
お母さんの少しの手助けに
なれればいいな、を集めた
私の大好きな第2章になります。
どうぞごゆるりとご覧ください。

みんな大好き！

中華麺

ラーメンが好きだからと外食ばっかしていると食費がかさんで仕方ない。麺好きの家族のために試行錯誤した麺料理、麺処MAYA開店です。

たっぷり山椒が旨さの秘密

濃厚味噌担担麺

辛いのが大好きな人は、分量なんて気にしないでどんどん辛味を増量していただきたい。濃厚な旨辛ごまだれに箸も汗も止まりません。

材料（1人分）

・水…400㎖
・鶏ガラスープの素…大さじ1

A
白味噌…大さじ1と1/2
練りごま…大さじ2
ラー油…大さじ1（好みで調整）
砂糖…小さじ1/2
山椒…小さじ1

B
ごま油…大さじ1
長ねぎ（みじん切り）…1/2本
にんにく（すりおろし）…1/2かけ
しょうが（みじん切り）…1/2かけ

・中華麺…1人分
・肉味噌（P71参照）、もやしなど好みの具材…適量

作り方

1 鍋に水と鶏ガラスープの素を入れ、加熱してスープを作る（冷やしの場合は冷やしておく）。
2 Aの調味料を混ぜておく。
3 Bを小さめの鍋に入れ、香ばしさが出るまで加熱する。
4 どんぶりに2、3を入れて、1のスープを加えて混ぜる。茹でた麺を入れて好みの具材をのせる。

香味野菜に鶏の旨味で
簡単なのに旨いヤツ

鶏だし塩ラーメン

じっくり煮出した鶏の旨味と縮れ麺の相性は絶好調。こしょうをかけていただきますか？それともバタートッピングとか！

おススメの麺はこちら

菊水「北海道発 札幌生ラーメン」は温かいラーメンにも、冷やしラーメンにも。P72のサラダラーメンもこれを使用。

材料（1人分）

・鶏の茹で汁（P51参照／水でも可）…400㎖

A
鶏ガラスープの素…小さじ2
昆布茶…小さじ1
こしょう…少々
にんにく（すりおろし）…好みで

・中華麺…1人分
・煮豚（P68参照）、茹で卵など好みの具材…適量

作り方

1 鍋に鶏の茹で汁とAを入れ、加熱してスープを作る（冷やしの場合は冷やしておく）。

2 どんぶりに1のスープを入れ、茹でた麺を入れて好みの具材をのせる。

冷やしても旨い！

こちら冬に発売する本なので時期的に熱々が美味しそうに見えますが、夏になっても大丈夫。スープを冷蔵庫で冷やして、冷水で麺を締めたらほらね、冷やしラーメンに早変わり。

これがないと始まらない

ほったらかし煮豚

難しいことは何もなし。
調味料を入れて火にかけてほっとくだけ。
注意するのは火加減のみ。
とろ火でとろとろの煮豚ができてしまいます。
とろ火でとろとろ……。

材料（作りやすい分量）

・豚肉（肩ロース肉）…500g

A
- 水…300㎖
- しょうゆ…100㎖
- 酒…100㎖
- 砂糖…大さじ3
- しょうが…1かけ
- 長ねぎ（青い部分）…3本分
- にんにく…4かけ

作り方

1 豚肉を糸で巻き、Aとともに鍋に入れ、強火で沸騰させる。

2 沸騰したらクツクツするくらいの弱火にして1時間半程煮る。

＊煮豚を作った後の煮汁で、スペアリブ（P108参照）、手羽先（P110参照）などを煮ても美味しいです。

煮豚で作れる大満足のもう一品

もちろん煮豚に合うのは麺だけじゃーありません。
ごはんにはもちろん酒のつまみにも。
ボリューム満点朝ごはんなんて、たまりません。

ねぎチャーシュー

食べやすく切った煮豚と白髪ねぎを合わせて、ラー油をたらり。シンプルだけど、酒のつまみには最高です。お好みで煮詰めた煮豚のたれと豆板醤もどうぞ。

チャーシューエッグ

朝ごはんのハムエッグ、ハムの代わりに煮豚はいかがでしょう？ さっぱり千切りキャベツとマヨネーズを添えれば、最高の1日の始まりです。

温玉チャーシューごはん

王道の組み合わせです。ごはんの上にもみのりを敷いて、刻んだ煮豚、とろとろ温玉、青ねぎの小口切りを散らします。最後に煮詰めた煮豚のたれをかけて召し上がれ！

好き過ぎて週2で作ったこともある

おうちで混ぜそば

難しそうに見えてすんごく簡単な混ぜそばは、お好みでどばーーっとラー油をかけて。のりマシマシなんて始めたら、そりゃあもう通ですわよ。

材料（1人分）

A
しょうゆ味の市販ラーメンたれ…1/2袋
鶏ガラスープの素…小さじ1/2
オイスターソース…小さじ1/2
にんにく（すりおろし）…小さじ1/2
ラード（あれば）…大さじ1/2

・中華麺…1人分
・煮豚（P68参照）、もやしなど好みの具材…適量

*Aの市販ラーメンたれは煮豚（P68参照）の煮汁大さじ1と1/2でも可

作り方

1 Aをすべて混ぜる。

2 麺を袋の表記通りに茹でる。この時、熱盛り用の湯を別の鍋に沸かしておく。麺の茹で汁小さじ1を1のたれに加える。

3 茹で上がった麺はよく洗ってぬめりを取って冷水で締め、沸かした熱湯にくぐらせる。

4 麺と具材を器に盛り付け、1のたれを好みの量（大さじ1〜）かける。

混ぜそばの麺はもっちり太めの東洋水産「山岸一雄 監修 つけ麺専用中華麺」が絶品。

ボリューミー！

台湾風トッピング

豚肉（ひき肉）100gを炒め、甜面醤大さじ1、豆板醤大さじ1/2、しょうゆ大さじ1/2、砂糖少々を加えて炒め合わせ、甘辛の担担麺用の肉味噌を作ります。刻んだニラと卵黄を添えて台湾風の完成！

ほかにもある！我が家のテッパントッピング

たまには具材を変えてみてもまた楽し。考えれば考えるほどたくさんある具材の組み合わせですが、こちらの2種類がおススメです。どちらもちと臭めですが（笑）。

ちょっと刺激的！

旨辛トッピング

P68の煮豚とP98の辛口もやしを和え、ザーサイと一緒にトッピング。これまた間違いない、王道の組み合わせです。

冷やし中華じゃないんです

お好きにサラダラーメン

自分で好きなものを好きなだけのせる
バイキング式のラーメンは
子供も大人もなんかわくわくしちゃいます。
あ、そこ! ハムを取り過ぎてる子は誰だッ!

材料（1人分）

A
- 昆布ぽん酢…大さじ2
- 砂糖…小さじ1
- ごま油…小さじ1

- ・中華麺…1人分
- ・好みの具材（P74参照）…適量

作り方

1 Aをよく混ぜる。

2 麺を茹でて冷水で締め、具材とともに器に盛り付けて1のたれをかける。

ツンとしない！
我が家のたれ

市販の冷やし中華たれと違って甘味も酸味も好みに合わせられるのが、家ごはんの良いところ。我が家は酸味控えめです。お好みで調整してくださいね。

なんでものせちゃって！サラダラーメントッピング

これは一例で、まだまだ自由に、発想は豊かに!!
レタスもありだしチャーシューも合う。
肉味噌やシーチキン、白髪ねぎ。載せきれなかったことが残念です。

茹で鶏
P51の茹で鶏を食べやすい大きさに切ります。

きゅうり
縦半分に切って斜め薄切りにすると簡単＆食べやすくなるのでおススメ。

もやし
電子レンジで2分加熱して粗熱を取り、水気を絞っておきます。

ミニトマト
トマトのサイズによって、半分または1/4に切ります。

錦糸卵

薄焼き卵（砂糖・塩少々で味つけ）を作って細切りに。

カニカマ

市販のカニカマは好みのサイズに手で割きます。

ザーサイ

市販のザーサイはざく切りにします。コリコリした食感がアクセントに。

千切りキャベツ

シャキシャキした食感の千切りキャベツもおススメ。

ハム

市販のハムを何枚か重ね、端から細切りにします。

コーン

コーン缶の水気を切ってそのまま使用。鮮やかな黄色が色どりに。

とりあえずパスタ

大人も子供も大好きな麺料理。中でもパスタがお母さんにもありがたいリクエスト料理なのは、きっと我が家だけではないはずです。MAYAおススメだけを集めました。

白ワインが旨さのコツ

本格ボンゴレロッソ

トマトソースは使わずに生トマトで作ってほしい一品です。あさりの旨味とトマトの酸味は外食にも負けない本格派。

あさりの砂抜き

バットにあさりを重ならないようにおき、3%の塩水を殻が少し出る程度に入れます。新聞紙をかけて2〜3時間おきます。

材料（1人分）

- ・あさり…20粒程
- ・トマト…小1個
- ・オリーブオイル…大さじ2
- ・にんにく（みじん切り）…1かけ
- ・白ワイン…50㎖
- ・パスタ…1人分
- ・塩…少々
- ・こしょう…少々

作り方

1 あさりは砂抜きしておく。トマトは皮を湯むきして、ざく切りにする。

2 フライパンにオリーブオイルを入れてにんにくを炒め、あさり、白ワイン、トマトを加えてあさりの殻が開くまでふたをして加熱する。

3 あさりの殻が開いたらふたを取って3分程加熱し、あさりだけ取り出す。

4 パスタは袋の表記より1分程短く茹で、**3**のフライパンに入れる。パスタの茹で汁をおたま1杯分加え、汁を吸わせるように炒めて、最後にあさりを戻す。

5 塩、こしょうで味を調える。

イタリアと秋田が手を組んだ！

しょっつるラグーパスタ

刻んだ魚介としょっつるが深い旨味を生み出して驚くほど濃厚なトマトパスタです。圧倒的に女子人気高し。

材料（1人分）

・生のエビ（殻付き）、ホタテ、イカ、タコなどシーフード（2種類くらい混ぜると美味しい！）…合わせて200g
・オリーブオイル…大さじ1
・魚醤…小さじ2
・トマトソース（P82参照）…100g
・パスタ…1人分

作り方

1 エビはP35の下ごしらえ通りに殻をむいて背ワタを取り、汚れを落とす。シーフードをフードプロセッサーで細かくする（または、包丁で叩いて細かくする）。

2 フライパンにオリーブオイルを入れて**1**を炒め、火が通ったら、魚醤、トマトソースを加えて弱火で5分程煮込む。

3 茹で上がったパスタに**2**をかける。

バジルじゃないの春菊なの

爽やか春菊ジェノベ

たっぷりチーズに
春菊が絶妙にマッチして大人味。
ベーコンの塩気に玉ねぎの甘味、
何をとってもうんまいです！

材料（1人分）

A
- 春菊…1束
- カシューナッツ…5粒
- 粉チーズ…大さじ2
- オリーブオイル…大さじ5
- 塩…小さじ1

・ベーコン（細切り）…2枚
・玉ねぎ（薄切り）…1/4個
・パスタ…1人分
・塩…適宜

作り方

1 Aをフードプロセッサーでなめらかになるまで混ぜる。

2 フライパンにオリーブオイル少々（分量外）を入れ、ベーコンと玉ねぎを炒める。

3 茹で上がったパスタを入れ、パスタの茹で汁大さじ1、1のソース大さじ2を加えて混ぜ、塩で味を調える。

ジェノベアレンジ

1のジェノベーゼソースは多めにできる分量になっているので、P99のポテトサラダやピザソースなどにアレンジを。保存期間の目安は冷蔵1週間、冷凍3週間。

オマージュ、そうあの名作へのオマージュです

トマトミートボールパスタ

どうしてあの映画にはこのパスタのレシピが載っていないんでしょう。
映画を見たら食べたくなってしまう人は
私だけではないはずです。

材料（1人分）

・ハンバーグのタネ（P24参照）…100g
・トマトソース（P82参照）…100㎖
・塩…適宜
・パスタ…1人分
・パセリ…適宜

作り方

1 ハンバーグのタネをひと口大にわけて丸め、ミートボールを作る。

2 フライパンに油（分量外）を熱し、**1**を入れて焼き色をつける。トマトソースを加えて10分煮込み、塩で味を調える。

3 茹で上がったパスタに**2**のソースをかけ、好みで刻んだパセリをのせる。

ミートボール
大好き！

にんにくは何個がお好み？
我が家はたっぷり♡

ガーリックトマトソース

この本にたくさん登場する
トマトソース料理はこちらがベースです。
にんにくはお好みで増減してください。
これはにんにく好きの夫が
大好物の分量です（笑）。

材料（作りやすい分量）

- にんにく…5かけ
- 玉ねぎ…1/2個
- オリーブオイル…大さじ4
- トマト缶（ホール）…2缶
- 酒…大さじ1
- 砂糖…小さじ1/2
- 魚醤…小さじ1
- 塩…小さじ2/3

＊魚醤がなければ塩を小さじ1に増やしてください。

作り方

1 にんにくと玉ねぎは極みじん切りにする。フライパンにオリーブオイルとともに入れて、弱火で10分程炒める。

2 トマト缶、酒、砂糖を加え、トマトをつぶすように10分おきに混ぜながら、ふたをして弱火で煮る。酸味を残したい場合は30分、濃厚な仕上がりにしたい場合は45分を目安に。

3 魚醤、塩を加え、味を調える。

おススメ冷凍保存法

その1 保存バッグで

例えば2回分の200gなど、使いやすい分量を保存バッグに入れたら、箸を挟み込んで冷凍します。こうすることでパキッと折って使う分だけ解凍できます。適度に冷凍されたら冷凍庫から箸を取り出すのをお忘れなく。保存の目安は1か月。

その2 真空パックで

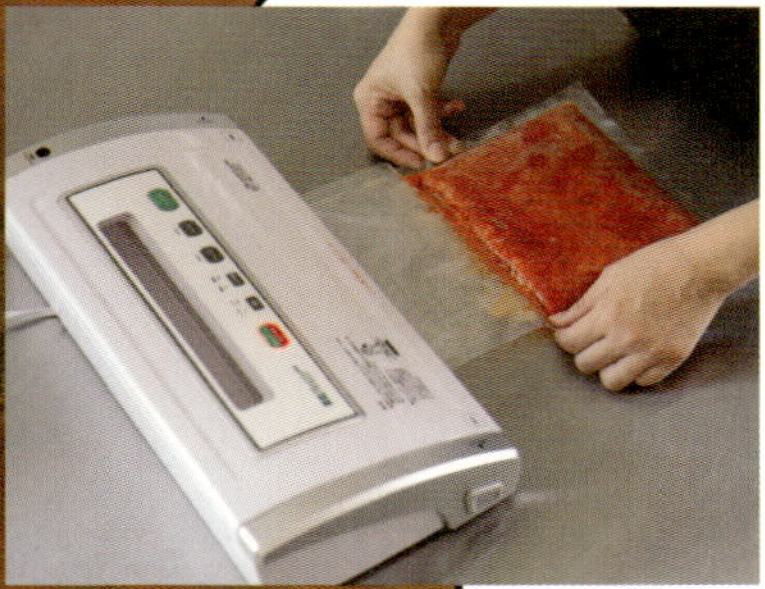

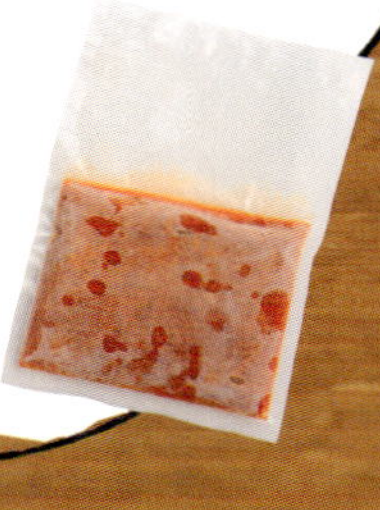

一番おススメなのは真空パックです。保存バッグと違って真空状態になるので保存期間がのびるうえに、解凍する時は湯せんでもOK。愛用しているのは「真空パックん＋plus」（ワイドシステム）です。保存の目安は2か月。

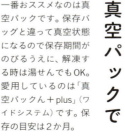

うどんとそば

ほっと美味しい

日本人ならやっぱりうどん、そば、
おまけに素麺の王道麺トリオ。
クセなく子供も食べられるものから、
大人も楽しめるものまで、我が家の定番はこちらです。

鶏、ありがとう温麺

P51の茹で鶏を使ったら簡単です

じっくり茹でた鶏肉は添え物で、主役はその茹で汁です。
ジワーッと染みわたる美味しさを素麺で堪能してください。

材料（1人分）

- 鶏の茹で汁（P51参照）…400㎖

A

昆布茶…小さじ1と$\frac{1}{2}$
しょうゆ…小さじ1
みりん…小さじ1
酒…小さじ1

- 素麺…1人分
- 茹で鶏（P51参照）…適量
- だし巻かず卵（P100参照）…適量
- 青ねぎ（小口切り）…適量

作り方

1 鍋に鶏の茹で汁を入れて加熱し、Aで味つけする。

2 少し固めに茹でた素麺をしっかり冷水で締め、1に入れてさっと温める。

3 器に盛り、食べやすく切った茹で鶏とだし巻かず卵、青ねぎをのせる。

ごま油がないと始まらない！

コク味つけ汁そば

ごま油でじっくり炒めた野菜と豚肉の旨味を麺と一緒に味わってください。豚は鶏に代えても激ウマです。

材料（1人分）

- なす…$\frac{1}{2}$本
- 豚肉（バラ肉）…50g
- 長ねぎ…5cm
- ごま油…大さじ1
- めんつゆ（つけ汁用に希釈済み）…350mℓ
- ラー油…適宜
- そば…1人分

作り方

1 なすは2cm角に、豚肉は2cm幅に、長ねぎは1cm幅に切る。なすは水にさらしてアク抜きする。

2 鍋にごま油を入れ、**1**を豚肉に火が通るまで炒める。めんつゆを加え、好みでラー油を入れてつけ汁の器に盛る。

3 そばは茹でて冷水で締め、器に盛る。

冷蔵庫一掃セールとはこのことか

具だくさんで冷やしそば

冷蔵庫をあさってみたら、きっと何か少しは出てきます。「こうしなきゃいけない」より「これあるからのせちゃおう」で◎。

材料（作りやすい分量）

・かいわれ大根、オクラ、みょうが、わかめ、卵焼き、温玉、揚げ玉など好みの具材…適量
・そば…人数分
・めんつゆ（かけ汁用に希釈済み）…適量

作り方

1 好みの具材を用意する。
2 そばは茹でて冷水で締めておく。
3 器に盛り付け、めんつゆをかける。

あさりの旨味をじっくり吸わせた

あさりバターうどん

あさりは口が開いたらいったん取り出して。ふっくらあさりと濃厚な麺がたまらない、10分かからずにできるスピードメニューです。

材料（1人分）

・バター…大さじ2
・にんにく（みじん切り）…1かけ
・あさり…15粒
・酒…50㎖
・水…50㎖
・うどん…1人分
・牡蠣しょうゆ（P7参照／P94出汁しょうゆでも可）…小さじ1と$\frac{1}{2}$
・青ねぎ（小口切り）…適量
・こしょう…少々

作り方

1 フライパンにバターを熱し、にんにくを焦げないように炒める。

2 砂抜きしたあさり（P77参照）、酒、水を入れ、あさりの口が開くまでふたをする。

3 あさりを一度取り出し、うどんを入れる。

4 汁を吸わせるようにうどんを炒め、牡蠣しょうゆで味つけする。あさりを戻して青ねぎを散らし、こしょうをふる。

ごはんもの

お疲れの胃にも優しい

忙しい時、疲れてる時はお手軽に、
だけどしっかりお腹いっぱいに。
じんわり染みわたるほっとする味を集めました。
丼ものや鍋ものがあれば、これひとつで大満足です。

とろみをごはんに絡ませて 玉ねぎと鶏ひき肉のあったか飯

アクセントにラー油やこしょう、
七味やからしなどを入れても、
もちろんそのまま堪能しても。
お好みの味に仕上げて召し上がれ。

材料（2人分）

- 玉ねぎ…1/2個
- 鶏肉（ひき肉）…200g
- 酒…大さじ1
- 砂糖…小さじ1
- 水…100ml
- 出汁しょうゆ（P94参照）…大さじ2
- 塩…少々
- しょうがの絞り汁…小さじ1
- 水溶き片栗粉…小さじ1
- ごはん…2人分

水溶き片栗粉は1：1

片栗粉と水は同量で。入れたあとに、しっかり熱を加えるのが美味しさのポイントです。

作り方

1 玉ねぎはみじん切りにし、フライパンに油（分量外）を熱して炒める。

2 玉ねぎがしんなりしたら鶏肉を入れ、酒、砂糖を加えて炒める。

3 水、出汁しょうゆを加えてひと煮立ちさせる。塩で味を調え、しょうがの絞り汁を加える。

4 水溶き片栗粉を加え、加熱してとろみをつける。

5 器にごはんを盛り、4をかける。

我が家の定番は
中華風
鶏粥

少し時間はかかるけど、
鶏肉の味がじっくり含まれて
一粒一粒じんわり旨い。
お好みの具材と一緒にどうぞ。

材料（4人分）

- 米…1合
- 鶏肉（もも肉）…300g
- しいたけ…2個
- 大根…5㎝
- 長ねぎ…1本
- 水…1800㎖
- 酒…200㎖
- 塩…少々
- 鶏ガラスープの素…小さじ1

作り方

1 米を洗い、ざるに上げておく。鶏肉はひと口大、しいたけは薄切り、大根は1㎝角に切り、長ねぎはみじん切りにする。

2 鍋に**1**と水、酒を入れ、弱火で煮る。時々アクを取り除く。

3 30分程煮込み、塩、鶏ガラスープの素で味を調える。

あとのせ具材はこちら

小さなお碗で少しずついろんなトッピングはいかがでしょ。

みょうがと青ねぎ

言わずと知れた薬味の王様。この定番はやっぱり外せません。

錦糸卵

手間をかけずに炒り卵にしても美味。溶き卵を入れて鶏卵粥にも。

梅干し

梅の酸味で食欲アップ間違いなし。丸の内OLの一番のお気に入り。

ザーサイ

中華風粥なのでザーサイはぴったり。私は塩気少なめが好み。

しその実

これを少し入れただけで爽やかに。食感も楽しい私の好物。

塩昆布

昆布を入れると味が一気に変わります。味は濃いめなので少しだけ。

青菜

春菊にほうれん草に七草など。あとのせなら子供も抵抗なし。

なめたけ

なめたけは常に1瓶はストックしておきます。思春期野郎大好物。

のりの佃煮

わさび味に辛いタイプ、梅味も。いろいろ種類があるのが楽しい。

アミの佃煮

極小エビのアミを甘辛く煮つけた佃煮は、濃厚で美味。

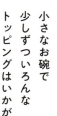

食感の違いがアクセント

焼き鮭トロシャクごはん

すりおろしと叩いたの、2種類のとろろで技ありの一品に。のりの風味がまた食欲をそそります。

材料（作りやすい分量）

- 山いも…適量
- ごはん…人数分
- もみのり…適量
- 塩鮭…人数分
- 出汁しょうゆ（P94参照）…適量

作り方

1 山いもは半分すりおろし、半分は保存袋に入れて叩く。

2 器にごはんを盛り、のり、焼いてほぐした鮭、**1**のとろろをのせ、出汁しょうゆをかける。

この組み合わせは最強タッグ

白菜と鶏のうまか丼

じっくり白菜の旨味を引き出してしっかりとあんでとじました。お好みでからしをつけて召し上がれ。

材料（4人分）

- 鶏肉（もも肉）…300g
- 白菜…1/4個
- 酒…大さじ1
- 水…大さじ1

A
- 鶏ガラスープの素…小さじ1
- 出汁しょうゆ（P94参照）…小さじ2
- 塩…少々

- 水溶き片栗粉…大さじ2
- ごはん…4人分
- こしょう…適宜
- からし…適宜

作り方

1 鶏肉、白菜は2cm幅の細切りにする。

2 フライパンに白菜を敷き、上に鶏肉をのせ、酒と水を加えてふたをし、中火にかける。

3 沸騰したら弱火にし、白菜がくたっとなるまで15分程煮る。

4 Aを入れて強火にし、水溶き片栗粉を入れてとろみをつける。

5 器にごはんを盛り、4をかけ、好みでこしょうやからしをのせる。

column

おまけの簡単たれ

ささっと作れる出汁しょうゆがあると料理の幅が広がります。
ほかにも我が家でヘビロテの各種たれをご紹介。
好みに合わせて調味料を増減して自分の好きな味にしても。
出汁しょうゆ、にんにくしょうゆ、万能焼肉たれは
冷蔵庫で2週間保存可能なので作り置きもおススメです。

にんにくしょうゆ

にんにく10かけの皮をむき、しょうゆ500mℓとともに、煮沸消毒した瓶に入れます。

出汁しょうゆ

みりん200mℓを火にかけてアルコール分を飛ばし、冷めたら煮沸消毒した瓶にしょうゆ300mℓ、昆布10cm、出汁パック1袋とともに入れます。2日目くらいからいい味が出ます。

万能焼肉たれ

玉ねぎ1個、りんご(または梨)1個、にんにく5かけ、大根5cmをすりおろして鍋に入れ、しょうゆ100mℓ、酒50mℓ、砂糖大さじ1、オイスターソース大さじ1、こしょう適量を入れて10分煮込み、煮沸消毒した瓶に入れます。

韓国風ドレッシング

すりおろしたにんにく少々、ごま油大さじ3、牡蠣しょうゆ(P7参照／P94出汁しょうゆでも可)大さじ1、鶏ガラスープの素ひとつまみ、塩ひとつまみ、すりごま適量をすべて混ぜ合わせます。

タルタルソース

固茹でした卵4個、甘酢らっきょう50gは極みじん切り、アボカド1個は1cm角に切り、らっきょうの甘酢で和えます。マヨネーズ大さじ3、砂糖小さじ1/2、塩小さじ1、こしょう少々を加えて混ぜ、冷蔵庫で約2時間寝かせます。

しょうゆねぎたれ

長ねぎ1本、しょうが1かけ、みょうが2個をみじん切りにし、P95の旨ポンだれ大さじ5、ラー油大さじ1と混ぜ合わせます。

塩ねぎたれ

長ねぎ1本をみじん切りにし、すりおろしたにんにく少々、砂糖ひとつまみ、塩小さじ1/2、こしょう少々、ごま油大さじ3、鶏ガラスープの素ひとつまみと混ぜ合わせます。

旨ポンだれ

市販の昆布ぽん酢(P7参照)大さじ2に、砂糖小さじ1、ごま油小さじ1、白ごま少々を加えます。

chapter

3

家族みんなが大満足！
おうち居酒屋のすすめ

仕事や子育ての息抜きは
キンキンのビールを一気飲み、
豊富なメニューにウキウキして、
美味しいつまみに疲れを癒され気分も上々。
締めには茶漬けか味噌汁か。
なーんて思ってても小さい子供がいたり、
主婦になったりすると、
なかなか外には遊びに行けません。
だから私は「おうち居酒屋」を時折開催します。
下戸のパートナーさんも
食べ盛りの子供たちも大満足、
ごはんにも合う居酒屋メニューを集めました。
家族団欒もできて一石二鳥!
週末はおうち居酒屋で
ストレス解消なんてどうですか?

まずはこれ!

スピードメニュー7種

まずは悪酔いしないように軽くお腹に入れたい。メインが出てくるまでの箸休めはこの7品からセレクトを。

辛口もやし

もやし1袋を耐熱皿にのせ、ふんわりとラップをして電子レンジで3分加熱。粗熱を取ったら水気を絞り、出汁しょうゆ（P94参照）大さじ1、コチュジャン小さじ1、すりおろしたにんにく少々、ラー油小さじ1と和えます。

甘エビとイカの卵黄のせ

殻をむいた刺身用の甘エビ1パックと刺身用のイカ1パックを皿に盛り、中央に卵黄をのせます。出汁しょうゆ（P94参照）を適量かけ、卵黄をくずしながらいただきます。

焼き厚揚げ納豆のせ

フライパンにごま油を熱し、厚揚げ1枚を焦げ目がつくように両面焼きます。器に盛り、出汁しょうゆ（P94参照）を加えて混ぜたひきわり納豆、小口切りにした青ねぎをのせます。

ジェノベーゼポテサラ

じゃがいも（2個）をひとつまみの砂糖を入れてやわらかくなるまで茹でます。ジェノベーゼソース（P79参照）大さじ2と塩少々を混ぜ、じゃがいもをつぶしながら和えます。

明太クリポテ

ジェノベーゼポテサラの調味料を明太子大さじ1、マヨネーズ大さじ1、クリームチーズ大さじ1に変えるだけ。

千切りらっきょ

生のらっきょう（またはエシャレット）10個を千切りにし、塩少々をふって5分おきます。軽く水分を絞ってかつおぶし、出汁しょうゆ（P94参照）をかけて食べます。ごはんにもぴったり！

鶏キムチ

茹で鶏（P51参照）を食べやすい大きさに割き、ひと口大に切ったキムチと和え、みじん切りにした長ねぎをのせます。分量はお好みで。

当店自慢の一品

スピードメニューの次はおススメから、
店主の技量がわかってしまう
当店自慢の一品を頼みます。
ひとつひとつ制覇していく
このワクワク感がたまりません。

ぶきっちょさん
いらっしゃい

だし巻かず卵

丁寧に折りたたむなんて必要なし！
重要なのはスピード感と最後のひと巻き。
ふわっふわの
だし巻かず卵ができました。

1

卵液の1/5量を流し入れ、へらで一気に手前にかき集めます。

2

卵を奥に寄せ、再度、卵液を流し入れて手前に。きれいに巻かなくてOK。

材料（作りやすい分量）

・卵…3個
・昆布茶…小さじ1
・砂糖…小さじ1
・水…大さじ3

作り方

1 材料をすべてボウルに入れ混ぜる。
2 熱した卵焼き器に油（分量外）をひき、中火で5回にわけて卵液を入れながら焼いていく（上記参照）。

3

4回繰り返したら、最後の卵液は卵を持ち上げて下に流し込みます。

4

奥から手前に向かってきれいに巻いたら完成。粗熱が取れたら切ります。

冷蔵庫で1か月は保存可能

牡蠣の和風オイル漬け

オリーブオイルもオイスターソースも使わない、シンプルで牡蠣の旨味がギュッと詰まった罪なヤツ。たくさん作って保存してください。

材料（作りやすい分量）

- 牡蠣…350g
- 塩…適量
- 片栗粉…適量
- 酒…大さじ1
- しょうゆ…大さじ1
- みりん…大さじ$\frac{1}{2}$
- 太白胡麻油（P7参照）…適量
- 赤とうがらし…2本

作り方

1 牡蠣に、塩と片栗粉をふって優しくなじませ、5分程おく。

2 ボウルに溜めた水で牡蠣を念入りに洗い、ペーパーでふく（牡蠣に直接流水をかけない）。

3 テフロン加工のフライパンに牡蠣を並べ、酒を加えて中火にかける。

4 酒がふつふつしてきたら弱火にし、時々返しながらじっくり熱を加える。

5 牡蠣のエキスが出てきたらしょうゆ、みりんを加えてさらにじっくり加熱する。

6 汁気がなくなったら火を止め、粗熱が取れたら煮沸消毒した瓶に詰める。

7 牡蠣がかぶるくらいの太白胡麻油を注ぎ、赤とうがらしを入れ、2日以上おく。

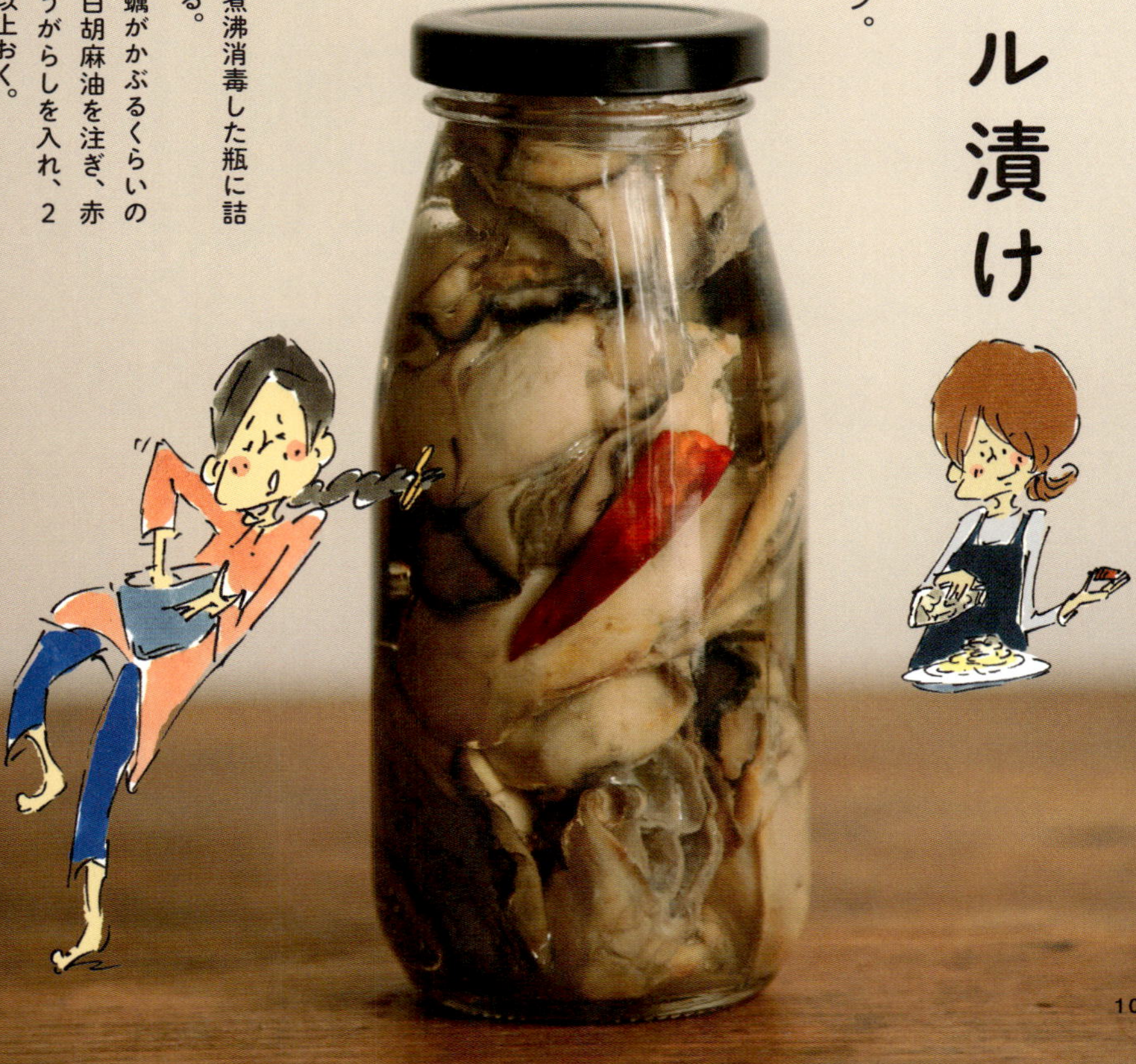

そのまま ねぎのっけ

長ねぎ10cm分を千切りにし、牡蠣のオイル漬け3粒をのせれば完成。ちょっとリッチな即席おつまみになります。

牡蠣のペペロンチーノ

牡蠣を漬けたオイル大さじ3、半分に切った赤とうがらし1本分とにんにく薄切り1かけ分を弱火で加熱して香りを出します。牡蠣のオイル漬け4粒を加えてさっと火を通し、茹でたパスタ1人分と茹で汁大さじ2を加え、出汁しょうゆ(P94参照)、塩、こしょう、バターで味を調えます。

牡蠣と春菊の炒め物

15cm幅に切った春菊100gと薄切りにしたしいたけ1個を、牡蠣を漬けたオイルで炒めます。牡蠣のオイル漬けを5粒加え、にんにくしょうゆ(P94参照)、こしょうで味を調えます。

揚げ

晩ごはんにぴったりな揚げ物は酒のつまみにももちろん最高。
ビール片手に踊りながら作ったら、
家族が喜ぶこと間違いないッ。

エビカツのタネもエビワンタンのタネも
我が家はコレ！

自家製エビ団子揚げ

材料（作りやすい分量）

- エビ（殻付きがおススメ）…300g
- しょうがの絞り汁…小さじ1
- 魚醤…小さじ1（塩ひとつまみでも可）
- 酒…小さじ1
- 砂糖…ひとつまみ
- 片栗粉…大さじ1

作り方

1 エビはP35の下ごしらえ通りに殻をむいて背ワタを取り、汚れを落とす。半量を包丁で粗く叩き、半量をフードプロセッサーで細かくする。

2 材料をすべて混ぜて団子状にし、170度の油（分量外）でカラッと揚げる。

駄菓子屋よりちょっと厚めの
昔懐かしいハムカツ

材料（2枚分）

・厚切りハム…2枚
・こしょう…少々
・ガーリックパウダー…少々
・小麦粉…適量
・溶き卵…適量
・パン粉…適量
・ウスターソース…適量

作り方

1 厚切りハムの両面にこしょうとガーリックパウダーをたっぷりかける。

2 小麦粉、溶き卵、パン粉の順に衣をつけ、170度の油（分量外）でカラッと揚げる。ウスターソースをかけて食べる。

この王道コンビは外せない
長ーいエビアスパラ春巻き

材料（2本分）

・エビ（殻付き）…6尾
・グリーンアスパラガス…2本
・春巻きの皮…2枚
・塩…少々
・こしょう…少々

作り方

1 エビはP35の下ごしらえ通りに殻をむいて背ワタを取り、汚れを落としたら、ひと口大に切る。

2 根元の皮をむいたアスパラとエビを春巻きの皮にのせ、塩、こしょうをふって巻く。

3 170度の油（分量外）でカラッと揚げる。

煮込み

居酒屋では外せない煮込み料理は、
大鍋でコトコト時間をかけて、丁寧に丁寧に煮込みます。
圧力鍋を使わないで作るから、
煮込んでいる過程が楽しくてたまらない。

時間がかかれば
かかるほど愛おしい

牛すじ煮込み

お玉いっぱいに具を入れて
汁ごと白ごはんにかける〝あかん飯〟。
おうち居酒屋だからこそ、
お行儀なんか気にせずに
口いっぱいに頬張りたい。

材料（作りやすい分量）

・大根…200g
・こんにゃく…小1枚
・豆腐（木綿）…1丁
・牛肉（すじ肉）…500g

A
水…700㎖
酒…100㎖
長ねぎ（青い部分）…3本分
しょうが…1かけ

B
しょうゆ…大さじ2
みりん…大さじ1
砂糖…大さじ1/2
豆板醤…大さじ1
コチュジャン…大さじ1
味噌…大さじ1

圧力鍋は要りません

香味野菜と一緒にコトコト煮込んで丁寧にアクを取り除く。時間をかけて作るのが一番のポイントです。口に入れたらとろける牛すじ煮込みは、人と牛すじとの根気くらべです。

作り方

1 大根はいちょう切り、こんにゃくはひと口大にちぎる。豆腐は食べやすい大きさに切る。

2 牛すじは油（分量外）で炒め、ひたひたになるくらいの水を入れて1時間、中弱火で時々アクを取りながら茹でる。途中で水がなくなったら湯を足す。

3 **2**の茹で汁は捨て、**A**を入れて弱火で1時間半煮る。

4 **1**の大根とこんにゃくと豆腐、**3**の牛すじ、茹で汁600mlに**B**を加え、さらに1時間弱火で煮る。小口切りにした長ねぎ（分量外）をのせる。

肉・魚

ボリューム満点の肉・魚料理は、
居酒屋メニューにはもちろん晩ごはんでも主役級。
しっかり味に仕上げていますので、
ごはんのお供にもお酒のつまみにももってこい！

箸で食べられるほどにやわらかい

ホロホロスペアリブ

焼くのが定番のスペアリブは煮込んで食べてもたまらない。
こちらP68の煮豚、P110の手羽先と調味料はほぼ一緒。
簡単で覚えやすい合わせ煮汁です。

材料（作りやすい分量）

・豚肉（スペアリブ）…500g
・水…300㎖
・しょうゆ…100㎖
・酒…100㎖
・砂糖…大さじ3
・オイスターソース…大さじ1
・しょうが…1かけ
・長ねぎ（青い部分）…3本
・にんにく…4かけ

ほっとくだけで簡単！

煮豚同様こちらも調味料と一緒に煮込むだけ。強火で煮込むとパサパサになってしまうので、じっくりとろ火で煮込んでください。時間つぶしにお気に入りの本を片手に楽しんで。

作り方

1 材料をすべて鍋に入れ、強火にかけて沸騰させる。沸騰したらクツクツするくらいの弱火で1時間半煮る。

食材が違うだけで別物に

手羽先のピリ辛煮込み

レンチンしたキャベツとの相性は抜群です。
手の汚れなんて気にせずに頬張りませんか？

材料（10本分）

- 鶏肉（手羽先）…10本
- 水…300㎖
- しょうゆ…100㎖
- 酒…100㎖
- 砂糖…大さじ4
- しょうが…1かけ
- 長ねぎ（青い部分）…3本
- にんにく…4かけ
- コチュジャン…大さじ1

作り方

1 材料をすべて鍋に入れ、強火にかけて沸騰させる。沸騰したらクツクツするくらいの弱火で1時間半煮る。

ただ焼くだけじゃつまらない

じっくりサンマのピリ辛漬け

サンマの時期が終わったらさばや鮭でもなんでもあり。ピリ辛味が病みつきです。

材料（2人分）

- サンマ…2尾
- にんにくしょうゆ（P94参照）…大さじ1
- 酒…大さじ1
- 砂糖…大さじ2
- 豆板醤…大さじ1
- ラー油…大さじ1

作り方

1 サンマは内臓を取って水で洗い、ペーパーでふく。

2 保存袋に入れて調味料をすべて加え、1～2日漬けておく。

3 魚焼きグリルに入れ、中火で9分程、両面がこんがりするまで焼く。

締めの一品

美味しいお酒に楽しい時間、ほろ酔い気分になったら
うっかり寝てしまう前に締めたいところ。
麺よりも、ごはんで締めるのが好みです。

魚茶漬け

刺身ならだいたいなんでもOK

お刺身コーナーに行ってから決めるのが経済的。魚によって薬味や調味料を変えるのもまたおススメ。

材料（2人分）

- 好みの刺身…12切れ
- 出汁しょうゆ（P94参照）…適量
- すりごま…適量
- 水…300㎖
- 昆布茶…小さじ1
- ごはん…2人分

作り方

1 刺身がかぶるくらいの量の出汁しょうゆ、すりごまを入れて10分程漬ける。

2 水を鍋に入れて火にかけ、昆布茶を入れて沸騰させる。

3 器にごはんを盛り、1の刺身をのせ、2をかける。好みで1の漬けだれをかけていただく。

おススメ魚茶漬け図鑑

あじ

あじの茶漬けにするなら下味に味噌を少しに薬味たっぷり。なめろうからの茶漬けなら二度楽しい。

サーモン

脂ののったサーモンも子供の人気が高い魚。大人は三つ葉を散らしてアクセントを。

まぐろ

こちらは子供の一番人気。シンプルにすりごまでいただくのが一番旨い。

ぶり

しゃぶしゃぶ用でよくあるぶりは身が崩れやすいので火の通し過ぎに要注意。絶品です。

鯛

王様茶漬けはやっぱりこちら。出汁は昆布が一番合う。ゆずこしょうとの相性も◎。

かつお

火を通すと少しクセがあるかつおは、千切りしょうがとたっぷりの刻みねぎで召し上がれ。

かんぱち

脂ののったかんぱちはさいの目に切って茶漬けにしてもまた旨い。もみのりをたっぷり散らして。

さば

さばの刺身が手に入ったら九州風に少し甘めの味つけに。たっぷりのすりごまとわさびで決定。

いさき

淡泊ないさきは変幻自在。スーパーで安く出回ってることが多いのでありがたい。

難しそうに見えて
意外と簡単

トロたく裏巻

王道ねぎトロでの裏巻は具だくさんで豪華に作ります。イカの刺身とたくあんの食感が絶妙です。

材料（作りやすい分量）

- 焼きのり…1枚
- 寿司飯…150g
- ねぎトロ…適量
- イカ（刺身）…適量
- たくあん（細切り）…適量
- 青ねぎ（小口切り）…適量
- 大葉…適量

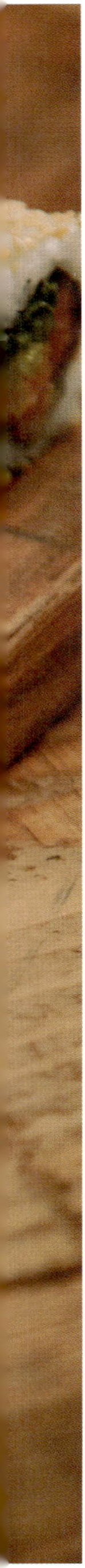

1

寿司飯を薄くのばす

巻きすにラップとのりを敷き、寿司飯をのばします。薄めに広げるのがポイント。

2

裏返して具材をのせる

1ののりと寿司飯をひっくり返し、ねぎトロ、イカ、たくあん、青ねぎをのせ、具材を覆うように大葉をのせます。

3

押し込みながら巻いていく

指で具材を押し込みながら、ラップごと手前から奥に向かって巻きすで巻きます。

4

なじませてひと口大に切る

巻きすをはずし、ラップをしたまま5分程なじませて。お好みで白ごま（分量外）をまぶして、ひと口大に切ります。少しだけ濡らした包丁で切るときれいにできます。

寿司飯の作り方

米をやや少なめの水で炊きます。大きめのボウルに入れて熱いうちに寿司酢を回しかけ、しゃもじでごはんを切るように混ぜてツヤが出てきたら完成。寿司酢は米1合に対して酢大さじ1、砂糖小さじ2、塩小さじ1、昆布茶ひとつまみ。もちろん市販でもOK！

牛乳パックを使って
きれいな形に

焼きさば押し寿司

真ん中に挟んだがりと甘く煮たしいたけが焼きさばと最高の組み合わせ。少し寝かせておくのがポイントです。

材料（1本分）

・塩さば…2枚
・しいたけ…3個

A
めんつゆ…大さじ2
みりん…大さじ1
水…大さじ1

・がり…適量
・寿司飯（P115参照）…250g

作り方

1 骨を抜いたさばを焼く。しいたけは薄切りにし、**A**とともに耐熱容器に入れて電子レンジで2分加熱する（市販の煮しいたけを使用してもOK）。

2 材料を順に型に詰め、ふたをして30分以上おいて食べやすい大きさに切る（P117参照）。

さあ、詰めていきましょう！

1

皮目を下にして さばを詰める

型にラップを敷き、焼いたさばを皮目を下にして、詰めます。隙間ができないように重ねて。

2

煮しいたけ、がりを 中央におく

煮しいたけ、がりの順に、さばの上においていきます。中央に寄せておくのがポイント。

3

寿司飯で挟み込む

煮しいたけとがりを挟み込むように、寿司飯をしっかり詰めていきます。

型の作り方

牛乳パックを 2:1の割合で 縦に切ります。
大きい方は裏返して 余分なところを切り、 ダブルクリップで とめてふたを作る。
MILK
小さい方は端をテープでとめて 型にして、完成！

4

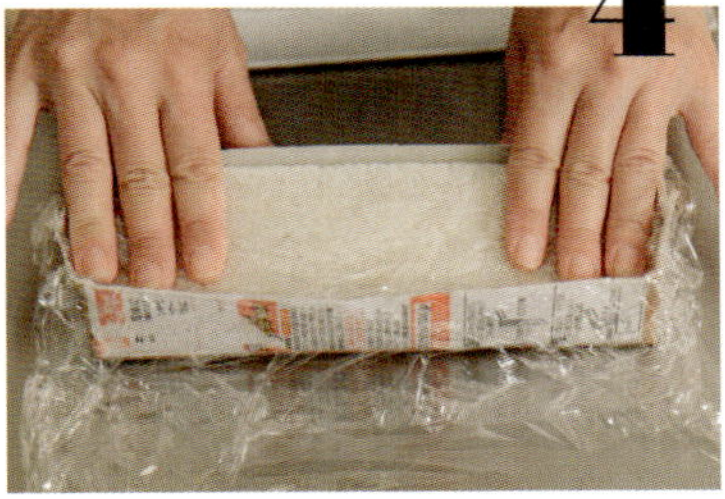

寿司飯を敷き詰める

3 の上全体に、隙間なく寿司飯を敷き詰めます。ラップで包み、しっかりと押し込んで。

5

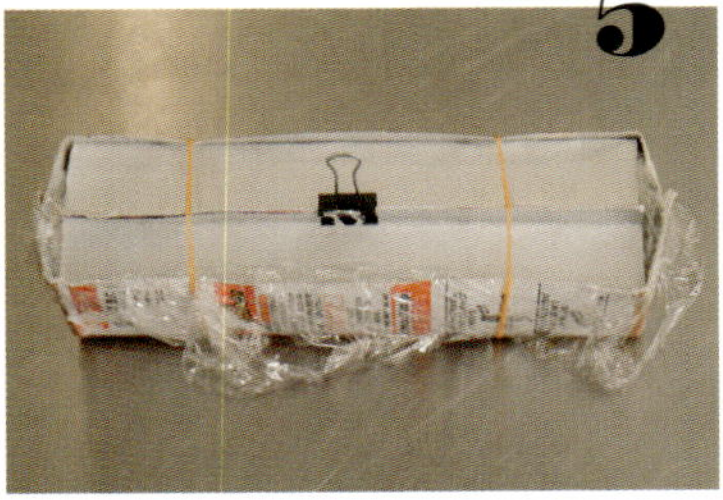

ふたをして寝かせる

ふたをしてしっかり押し込み、輪ゴムでとめます。30分以上寝かせてから食べやすく切ります。

column

SHIRU

本当は丁寧に「昆布を水に入れて火にかけ、弱火で15分程沸騰させて取り出します。次にかつお節をどっさり入れて、美味しい旨味が出たらざると布巾を使って取り出して、好きな具材を使って味噌汁を作りましょう」って基本を載せるのが良いのかもしれません。

でも、我が家ではお手軽な出汁パックを使って娘に味噌汁の作り方を教えていています。ここではありのまま、今の我が家の味噌汁レシピをご紹介します。

だしの素を使わずに出汁パックで作ると簡単に美味しい出汁がとれるし、お料理を始めたばかりの子供にはぴったりのお手伝いだと思います。脱・だしの素をしたい方にもおススメ。

おまけに、寒い時期の我が家の定番、粕汁も紹介します。

丸の内の味噌汁の作り方

根菜なら水から出汁パックと一緒に入れると、出汁が出る頃にちょうど野菜がやわらかく。出汁パック1袋だと味が薄いな、と感じる方は2袋入れて濃い出汁にしても。

1

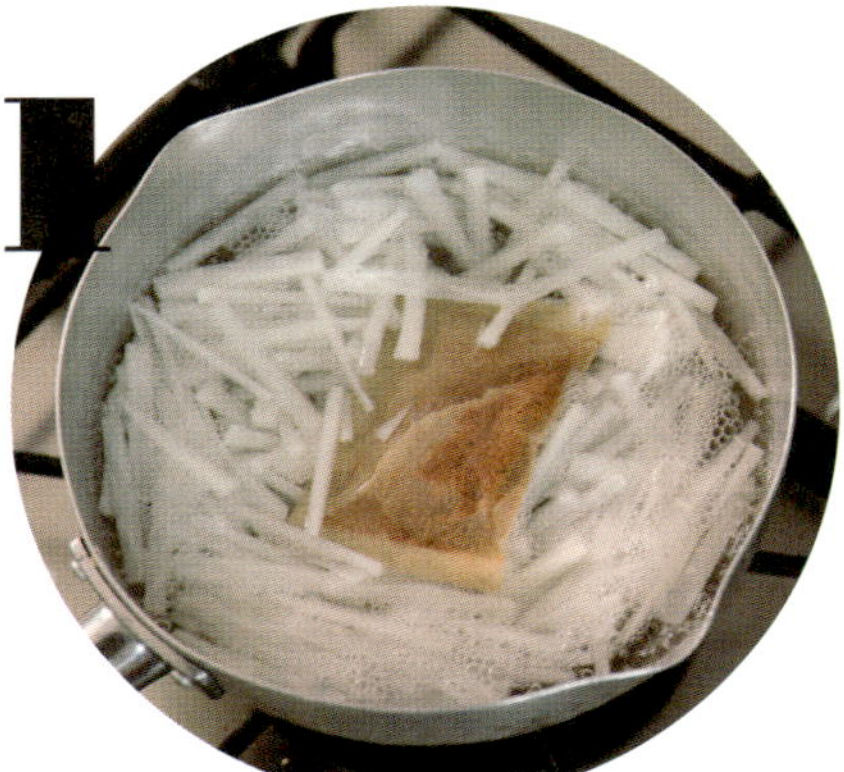

根菜は先に入れる

根菜を味噌汁に入れる時は、水から出汁パックと一緒に入れて中強火で沸騰させます。

2

中火で煮る

沸騰したら、中火で5分煮て出汁パックを取り出します。

味噌を加える

火を止め、味噌を溶かしながら加えます。葉物や豆腐などの具材を入れる場合は味噌を入れる直前に。

3

味噌汁バリエ

味噌汁の具の組み合わせは無限大。
我が家の味噌汁は具だくさんが基本です。
家族に人気のおかずになる味噌汁を
ご紹介します。

オクラとみょうがと豆腐

オクラ、みょうが、豆腐を食べやすい大きさに切って、出汁パックを取り出してから入れます。オクラのとろみとみょうがの香りがアクセントに。

わかめとじゃがいもと玉ねぎ

材料を食べやすく切り、じゃがいもと玉ねぎは出汁パックと一緒に水から入れて火を通し、味噌を入れる直前にわかめを加えます。ホクホクのじゃがいもが美味。

キャベツと温玉

煮立てた出汁にざく切りのキャベツを入れ、人数分の温玉を割り入れます。生卵を入れて、弱火にして卵に火を通しても。

ほうれん草と長いもと豆腐

皮をむいて5mm程の厚さに切った長いもは、出汁パックと一緒に水から煮ます。ほうれん草、豆腐、長ねぎなどとともに。

とろろ昆布と山いも

トロトロ＆ネバネバの食感が楽しめる味噌汁。出汁に豆腐を入れ、味噌を入れたあとにとろろ昆布、すりおろした山いもを加えます。

大根とかきたま

出汁パックと一緒に細切りにした大根を水から入れて火を通し、味噌を溶いたら、円を描くように溶き卵を入れひと煮立ち。青ねぎを散らします。

冬一番の人気者

豚の粕汁

じっくり煮込んで
アルコールを飛ばすことで
酒の香りが減って
旨味が残るので子供でも大丈夫。
酒粕を使って煮込むと
豚肉はやわらかくなります。
翌日は煮込みうどんで決定です。

材料（作りやすい分量）

- 大根…100g
- にんじん…1/2本
- ごぼう…1/2本
- 玉ねぎ…1/4本
- 豚肉（バラ肉）…300g
- しいたけ…4個
- しめじ…1パック
- こんにゃく…小1枚
- 長ねぎ…1/2本
- 厚揚げ…小1枚
- 水…3000㎖
- 出汁パック…2袋
（顆粒出汁大さじ2でも可）
- 味噌…適量
- 酒粕…100g〜好みの量

作り方

1 大根はいちょう切り、にんじんは半月切りに、ごぼうはたわしでこすって皮を薄くむき、厚めのささがきにする。玉ねぎは薄切りにし、豚肉はひと口大に切る。しいたけとしめじ、熱湯で下茹でしたこんにゃくは手で食べやすい大きさにちぎる。長ねぎは2㎝長さに切り、フライパンで焼いて焼き色をつける。厚揚げは縦半分に切って1㎝幅に切る。

2 フライパンにごま油（分量外）を熱し、大根、にんじん、ごぼう、玉ねぎ、豚肉の順に炒める。

3 鍋に水と出汁パック、2としいたけ、しめじ、こんにゃくを加えて火にかける。煮立ったら弱火にして、更に10分煮る。出汁パックを取り出し、味噌をおたま1杯分加えて煮込む。

4 大根が透き通ってきて具材が煮えたら、長ねぎと厚揚げを加えて、味噌で味を調える。

5 酒粕をこしながら溶かす。アルコール分がしっかり飛ぶまで、30分程よく煮込む。

おわりに

「今日、いつものあれ食べたいな」
なんて言葉を聞くと、なんだか胸がくすぐったくなるような嬉しさを感じます。
お母さんのごはんって、凝ったオリジナル料理や、
おしゃれなカフェメニューなんかじゃなくて、
小さいころから少しずつ少しずつ刻まれて、いつまでも残ってる変わらない味。
祖母から母へ、母から子へと代々つながる贈り物のようなものだと思います。

料理を楽しんでいる私を見せることで、
食べること、作ることの楽しさを子供たちに伝えたい。
そんな気持ちから始まったお手伝いの最初の一歩。
初めて作った丸焦げの卵焼きは、ほろ苦かったけど美味しくて。
出汁を取り忘れた味噌汁は、しみじみと大根の旨味を堪能しました。
何の形だか当てられなかったハンバーグが、実は熊だったのには驚いたけど、
少しずつ成長する子供たちを見て、
誇らしさと、いつか巣立っていく寂しさで胸がいっぱいになったことも。
料理を通じてともに過ごす時間は私と子供たちの特別な時間です。
うまくできなくて悔し泣きした娘の顔は、忘れられない私の大切な宝物です。

この本から、子供たちに、まだ見ぬお嫁さん、孫たちへ
「母の味」が届きますように。
そんな私の思いをたくさん込めて、大切に製作させていただきました。
この本を手に取って最後まで読んでくれた方々へ、
いつも幸せな時間をくれる家族へ、たくさんの感謝を込めて。

memo

↑自分流のアレンジや好みで調味料を増減した時のメモにご使用ください。

INDEX

卵

ごはん・麺・パスタ

その他

本書に出てくるレシピ

staff
撮影　砺波周平
AD　三木俊一
デザイン　中村 妙（文京図案室）
イラスト　アニマループ＊UME
編集協力　明道聡子（リブラ編集室）
校正　麦秋新社
編集　森 摩耶（ワニブックス）

ただ、美味しいだけの晩ごはん

地味で、茶色くて、ありふれてるけど、一番ほっとするMAYA家の食卓

著 MAYA

2017年11月30日　初版発行

発行者　横内正昭
編集人　青柳有紀

発行所　株式会社ワニブックス
〒150-8482
東京都渋谷区恵比寿4-4-9 えびす大黒ビル
03-5449-2711（代表）
03-5449-2716（編集部）
ワニブックスHP　http://www.wani.co.jp/
WANI BOOKOUT　http://www.wanibookout.com/

印刷所　凸版印刷株式会社
製本所　ナショナル製本

定価はカバーに表示してあります。
落丁本・乱丁本は小社管理部宛にお送りください。送料は小社負担にてお取替えいたします。ただし、古書店等で購入したものに関してはお取替えできません。

ISBN 978-4-8470-9630-3